Das große FISCHER

KINDER GARTEN LEXIKON

Das große FISCHER

KINDERGARTEN LEXIKON

FISCHER

Weitere Informationen zum Kinder- und Jugendbuchprogramm der S. Fischer Verlage
finden Sie unter ww.fischerverlage.de

Aus Verantwortung für die Umwelt hat sich der Fischer Kinder- und Jugendbuch Verlag zu einer nachhaltigen Buchproduktion verpflichtet. Der bewusste Umgang mit unseren Ressourcen, der Schutz unseres Klimas und der Natur gehören zu unseren obersten Unternehmenszielen. Gemeinsam mit unseren Partnern und Lieferanten setzen wir uns für eine klimaneutrale Buchproduktion ein, die den Erwerb von Klimazertifikaten zur Kompensation des CO_2-Ausstoßes einschließt.
Weitere Informationen finden Sie unter:
www.klimaneutralerverlag.de

MIX
Papier aus verantwortungsvollen Quellen
FSC
www.fsc.org
FSC® C004592

Erschienen bei Fischer Sauerländer

Text- und Bildredaktion: Andrea Weller-Essers
Texte: Christina Braun, Angelika Sust
Illustrationen „Character“: Sandra Reckers
Illustrationen „Lexikoneinträge“: Hans-Günther Döring, Stefan Louis Richter

Umschlaggestaltung: Maria Seidel, www.atelier-seidel.de
Satz: Sigrid Hecker, Mannheim; Michelle Vollmer, Mainz
Druck und Bindung: Firmengruppe APPL, aprinta druck GmbH, Wemding
Printed in Germany
ISBN 978-3-7373-5927-6

Vorwort

Wieso schlägt unser Herz? Warum gibt es Tag und Nacht? Was haben Kamele in ihren Höckern? Wer wohnte auf einer Ritterburg? Und wie kommt das Wasser in die Wasserleitung?

Ganz bestimmt hast du noch eine Menge anderer Fragen. Schließlich gibt es jeden Tag und überall etwas Neues zu entdecken! Manche Fragen können dir sicherlich deine Eltern oder Erzieherinnen und Erzieher beantworten. Aber manchmal wissen auch Erwachsene nicht weiter. Dann ist dieses Lexikon sehr nützlich. Es enthält viele Bilder zum Schauen und Texte zum Vorlesen zu ganz unterschiedlichen Themen. So findest du schnell die passende Antwort! Aber natürlich kannst du auch einfach im Lexikon stöbern und dir die vielen Bilder anschauen.

Damit du dich schnell im Lexikon zurechtfindest, ist es in acht große Kapitel aufgeteilt. Die Kapitel erkennst du leicht an den kleinen Bildern am Seitenrand. Ist da zum Beispiel der kleine Hund im kräftigen Lila zu sehen, bist du im Kapitel „Tiere". Jedes Kapitel beginnt mit einem großen Schaubild. Wenn du dir die Bilder genau anschaust, entdeckst du darin viele Dinge, die du schon kennst. Aber es steckt garantiert auch eine Menge Neues und Unbekanntes darin!

In deinem Lexikon findest du für viele Fragen ganz einfache Erklärungen. Was bedeutet zum Beispiel das Wort Klima oder was ist ein Spaceshuttle? Außerdem gehört zu jeder Erklärung ein Bild. Du willst wissen, wie ein Wikingerschiff aussieht? Dann schau im Kapitel „Geschichte" nach. Dort findest du das Bild eines echten Drachenschiffs. Oder du fragst dich, welche Kontinente es gibt? Dann blättere schnell zum Kapitel „Unsere Erde". Denn hier werden alle Kontinente vorgestellt.

Durch das Buch begleiten dich die drei Kindergartenfreunde Marie, Zeki und Ole. Zusammen mit ihnen kannst du schmökern, stöbern und staunen. Am Ende von jedem Kapitel findest du noch eine Bildergeschichte. Dieses Buch ist eben viel mehr als nur ein Lexikon!

Viel Spaß beim Nachschlagen und Entdecken wünscht dir das FISCHER Kinderbuchteam

Inhaltsverzeichnis

Was bietet dieses Lexikon?

In diesem Lexikon sind die Stichwörter nach Themen sortiert. Die Kapitel orientieren sich an den Lieblingsthemen von Kindern im Alter von 3 bis 6 Jahren. Die Stichwortauswahl wurde zusammen mit Pädagog*innen erarbeitet und bietet einen breiten Wissensschatz.

Zum Einstieg in jedes Kapitel können Sie sich die große Schauseite gemeinsam mit Ihrem Kind anschauen. Was gibt es dort Bekanntes zu sehen, was kann Neues entdeckt werden? Geben Sie Ihrem Kind die Möglichkeit, Sachen zu benennen, die es auf dem Bild entdeckt, und frei zu erzählen, was ihm dazu einfällt.

Die Kindergartenfreunde Marie, Zeki und Ole begleiten Ihr Kind durch das ganze Buch und führen in die Stichwortseiten ein. Die ca. 300 Stichworttexte bieten altersgerechtes Sachwissen. Kinder können sich in ihr Lieblingsthema vertiefen oder sich quer durch alle Themen blättern. Mit dem Vorlesen kann auf jeder Seite begonnen werden. So sind kurze Leseeinheiten möglich.

Jedes Kapitel endet mit einer lustigen Bildergeschichte. Sie eignet sich zum Vorlesen und allein Anschauen, da die Erzählschritte sehr kleinteilig sind. Die Geschichten führen von der Wissensebene der Lexikontexte zurück in die Alltagswelt des Kindes.

Im Sonderkapitel „Vorschulwissen“ finden Sie die wichtigsten Themen für den Schuleinstieg zusammengefasst. Wissenskästen und zahlreiche Abbildungen ermöglichen ein schnelles Erfassen der Themen. Tipps, wie Sie die ersten Lernthemen in den Alltag integrieren können und damit die Entwicklung Ihres Kindes unterstützen, erhalten Sie durch Spiel-, Bastel- und Forscheranregungen.

Das **Kapitel** wird auf der Seite benannt. Zum Einstieg in jedes Thema gibt es einen kurzen Text mit kleinen Suchaufträgen zu dem Schaubild.

Dieses **Kapitelsymbol** und die Farbe zeigen an, in welchem Kapitel man sich gerade befindet.

Das **Unterthema** zum Hauptthema findet man in dem farbigen Kasten. Dort tauchen auch immer Marie, Zeki und Ole auf und führen kindgerecht in das Unterthema ein.

Stichwörter sind je nach Kapitel farbig gedruckt. Die lila Farbe steht hier für das Kapitel Tiere.

Die **Lexikontexte** sind leicht verständlich und bieten altersgerechte Informationen. Sie sind pro Seite thematisch zusammengefasst.

Die **Kapitelleiste** zeigt, in welchem Kapitel man sich gerade befindet. Das Symbol ist farbig hervorgehoben.

Die **Bildergeschichte** zum Schauen und Vorlesen.

Die **Bildergeschichten** erkennt man an der durchgängig farbigen Leiste. So kann man diese beim Blättern ganz schnell finden.

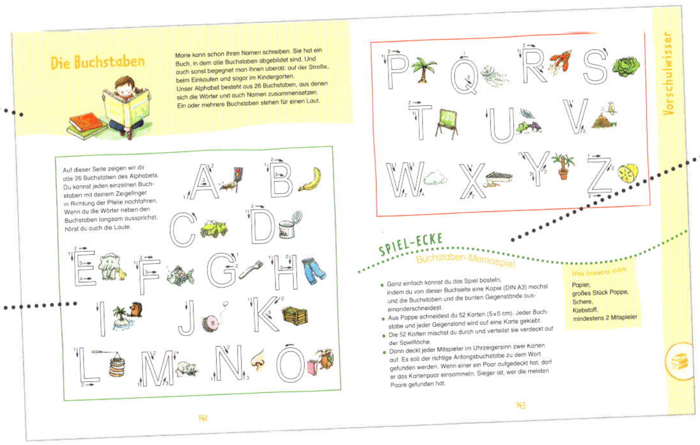

Im Sonderkapitel **Vorschulwissen** findet man die wichtigsten Themen für den Schuleinstieg.

Die **Wissenskästen** machen das Wissen schnell und einfach zugänglich.

Die **Forscher-, Bastel- oder Spielecke** stellt vor, wie man mit Spaß und Freude spielend lernen kann.

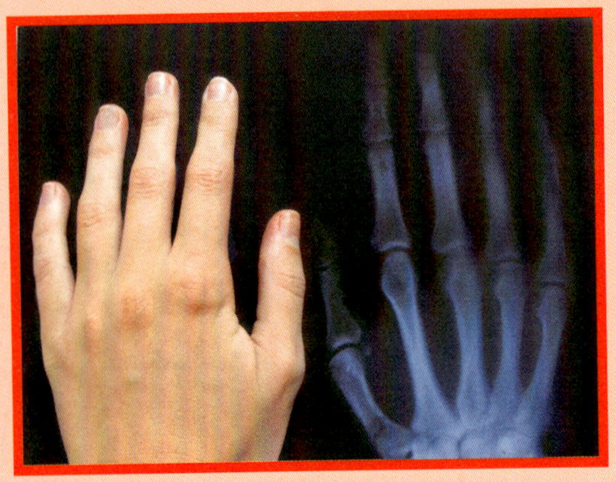

Unser Körper

In unserem Körper passiert eine Menge auf einmal: Blut fließt durch die Adern, das Herz schlägt ohne Pause und das Gehirn und die Muskeln arbeiten. Deshalb können wir über den Spielplatz rennen und hüpfen, rutschen und klettern und mit unseren Freunden lachen und spielen.
So viele Dinge wie unser Körper, kann keine Maschine der Welt!

Der Körperbau

die Knochen

In unserem Körper haben wir viele Knochen. Sie sind hart und sehr stabil. Durch Bänder werden die Knochen fest zusammengehalten. Einige Knochen sind durch Gelenke miteinander verbunden. Sie machen den Körper beweglich. So verbindet der Ellbogen den Unter- und den Oberarm. Und das Gelenk zwischen Ober- und Unterschenkel ist das Knie.

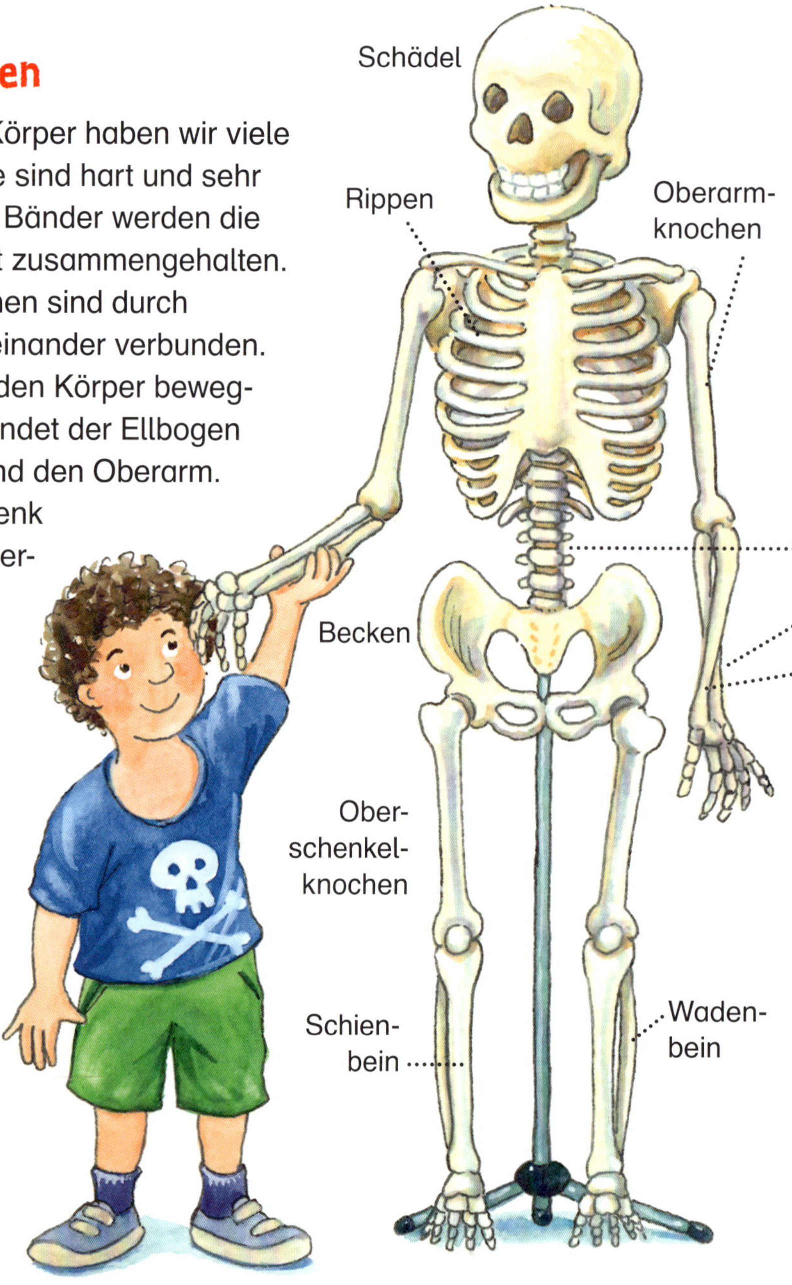

die Körperteile

Unser Körper besteht aus vielen großen und kleinen Teilen. Die Dinge, die wir sehen können, nennt man Körperteile: Kopf, Augen, Ohren, Nase und Mund, Hals, Brust, Bauch und Rücken, Arme, Hände und Finger, Beine, Füße und Zehen.

das Skelett

Das Skelett ist das Knochengerüst. Es gibt unserem Körper Halt und schützt die Organe. Sehen kann man das Skelett von außen nicht. Ein Arzt oder eine Ärztin kann aber mit einem Röntgengerät eine Aufnahme der Knochen machen. Auf diesem Bild kann er oder sie dann sehen, ob alles in Ordnung ist.

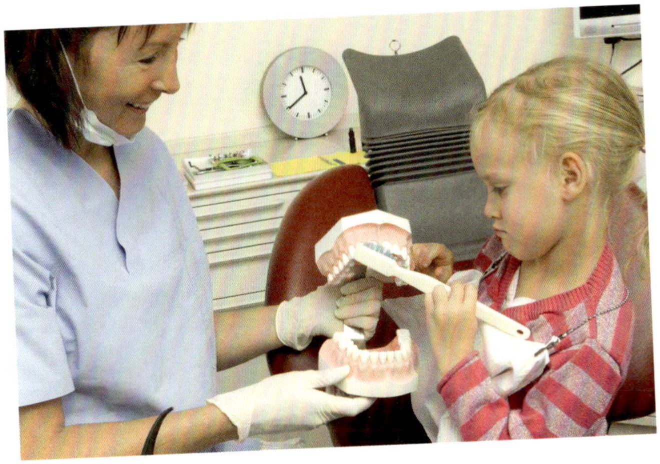

die Zähne

Die Zähne im Mund helfen uns, das Essen zu zerkleinern. Mit den vorderen Zähnen können wir gut abbeißen, mit den hinteren sehr gut kauen. Mit etwa sechs Jahren fallen uns nacheinander die Milchzähne aus und es wachsen neue Zähne. Unsere Zähne müssen wir gut putzen, sonst bekommen wir Zahnschmerzen.

die Haare

Auf dem Kopf haben wir unzählige Haare. Sie wachsen ständig – in einem Monat etwa einen Zentimeter. Deswegen müssen sie auch ab und zu geschnitten werden. Es gibt blonde, braune, rote und schwarze Haare. Am häufigsten kommen auf der Welt dunkle Haare vor, Rot- und Blondschöpfe gibt es weniger. Manche Haare sind glatt, andere lockig. Ältere Menschen bekommen manchmal graue Haare oder auch eine Glatze. Dann haben sie keine Haare mehr auf dem Kopf. Aber auch du verlierst jeden Tag Haare. Allerdings wachsen dir wieder neue nach!

die Nägel

An den Fingern und Zehen hat jeder Mensch Nägel. Sie schützen die empfindlichen Fingerspitzen. Genau wie die Haare bestehen unsere Nägel aus hartem Horn. Sie wachsen ein Leben lang jeden Tag ein kleines Stück – die Fingernägel etwas schneller als die Fußnägel. Deswegen muss man sie von Zeit zu Zeit mit einer Nagelschere schneiden oder mit einer Feile kürzen.

Die Organe

das Gehirn

Unser Gehirn ist die Schaltzentrale unseres Körpers. Von hier aus wird alles, was wir tun, gesteuert. Mit dem Gehirn können wir denken, träumen oder uns verlieben.
Das Gehirn kann sich auch Dinge merken, zum Beispiel ein Lied. Wenn wir etwas trinken wollen, gibt das Gehirn den Befehl dazu: Dann hebt unsere Hand das Glas hoch. Ohne das Gehirn könnten wir nicht sprechen, nicht sehen und nicht laufen. Damit dem Gehirn nichts passiert, liegt es gut geschützt unter dem harten Schädelknochen in unserem Kopf.

die Lunge

Unsere Lunge brauchen wir zum Atmen. Sie besteht aus zwei Flügeln. Beim Atmen gelangt frische Luft in die Lungenflügel hinein. Diese ist für den Menschen wichtig: Luft enthält nämlich Sauerstoff, ohne den wir nicht leben können. Das Blut verteilt den Sauerstoff im ganzen Körper. Die verbrauchte Luft atmen wir aus der Lunge wieder aus.

der Magen

Wenn du ein Apfelstück kaust und herunterschluckst, rutscht dieses durch die Speiseröhre in den Magen. Eine Flüssigkeit im Magen verarbeitet die Apfelstückchen zu einem Brei. Wenn wir viel essen, dehnt sich der Magen aus und wir bekommen einen dickeren Bauch.

das Herz

Wenn wir die Hand auf unsere Brust legen, können wir unseren Herzschlag spüren. Das Herz ist ein großer, starker Muskel, der wie eine Pumpe funktioniert. Er pumpt das Blut durch den ganzen Körper. Dies spüren wir als Herzschlag. Wenn wir schnell rennen oder etwas Anstrengendes tun, muss das Herz stärker arbeiten: Es schlägt dann schneller.

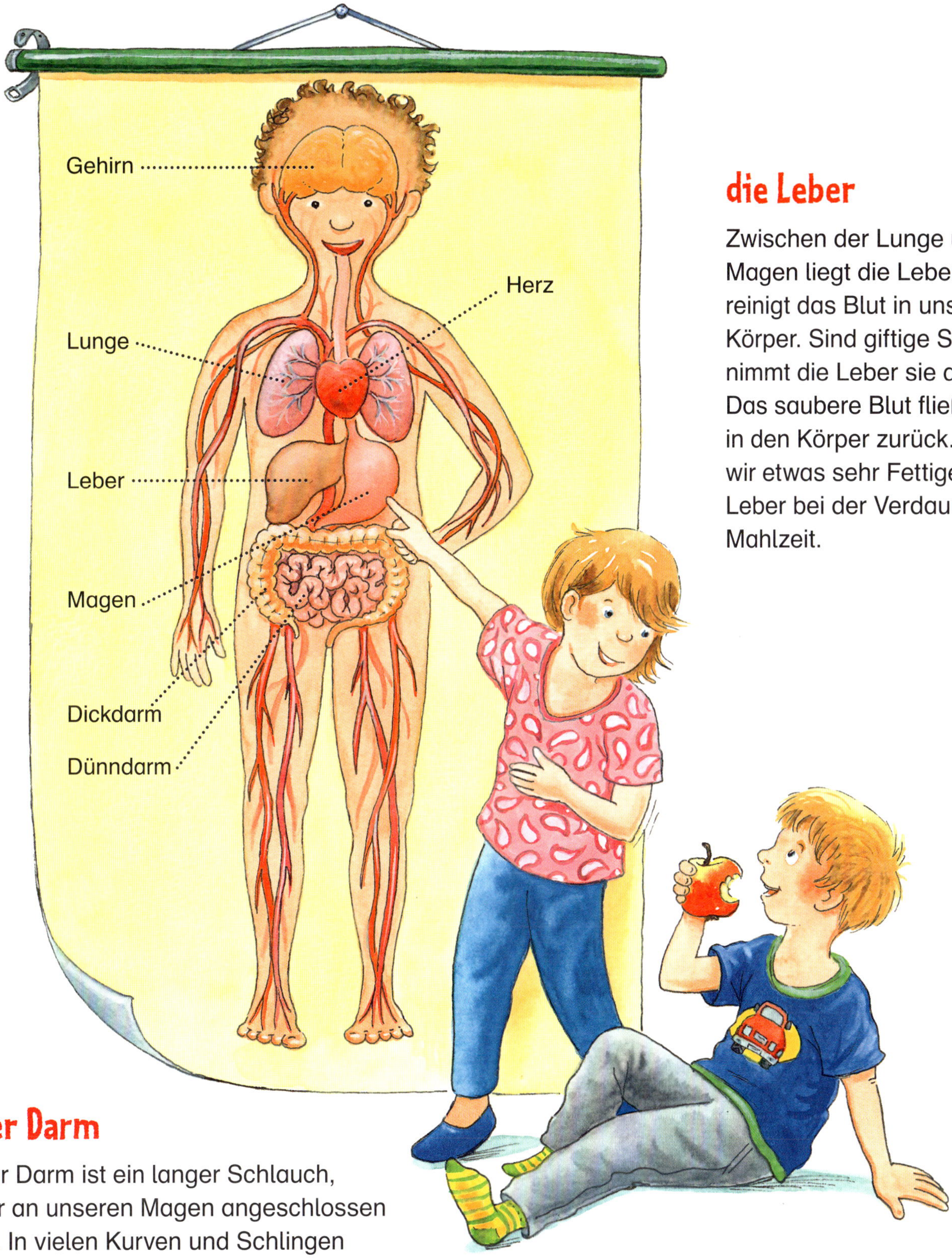

die Leber

Zwischen der Lunge und dem Magen liegt die Leber. Sie reinigt das Blut in unserem Körper. Sind giftige Stoffe darin, nimmt die Leber sie auf. Das saubere Blut fließt wieder in den Körper zurück. Essen wir etwas sehr Fettiges, hilft die Leber bei der Verdauung der Mahlzeit.

der Darm

Der Darm ist ein langer Schlauch, der an unseren Magen angeschlossen ist. In vielen Kurven und Schlingen liegt er in unserem Bauch. Im Darm wird unser Essen verdaut. Wichtige Nährstoffe, wie Vitamine und Mineralien, werden aus dem Darm in den Körper geleitet. Die Nahrungsreste, die der Körper nicht verwenden kann, werden ausgeschieden und landen in der Toilette.

Muskeln, Blut und Nerven

Balancieren ist gar nicht so einfach: Ein falscher Schritt – und schon plumpst man herunter! Aber wieso können wir uns eigentlich so flink bewegen?

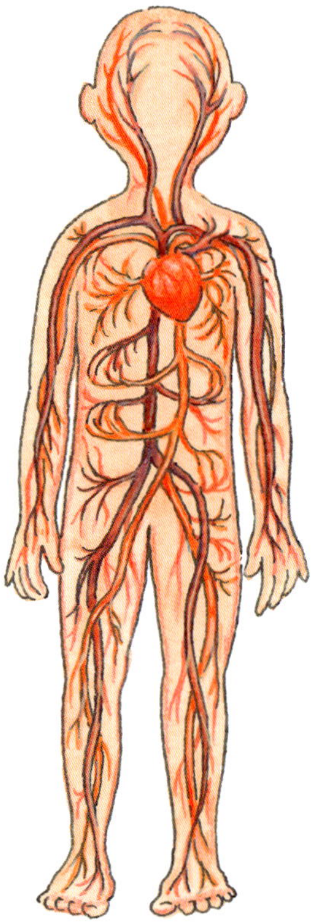

die Muskeln

Überall in unserem Körper arbeiten Muskeln. Sie sorgen dafür, dass wir uns bewegen können. Dabei steuert unser Gehirn die Muskeln ganz automatisch. Oft arbeiten viele Muskeln zusammen: Damit wir zum Beispiel beim Gehen nicht hinfallen, sind die Muskeln an den Oberschenkeln, den Waden, der Hüfte, am Bauch und am Rücken in Aktion.

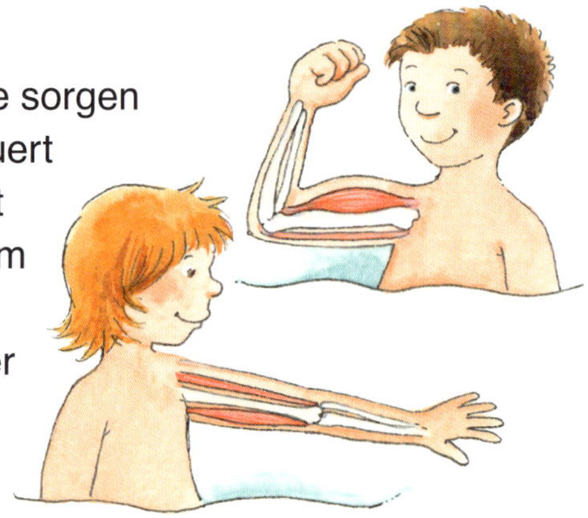

das Blut

Durch unseren ganzen Körper verlaufen lange, sehr dünne Röhren, durch die das Blut fließt. Sie heißen Adern. Das Blut gelangt durch diese Leitungen an jede Stelle des Körpers. Es hält uns warm und transportiert Nährstoffe und Sauerstoff zu den Körperteilen. Das Blut besteht aus vielen klitzekleinen Bestandteilen. Sie bekämpfen zum Beispiel Krankheiten oder lassen kleine Blutungen ganz schnell aufhören.

die Nerven

Vom Gehirn aus führen viele Tausend Nerven in jeden Teil unseres Körpers. Mit den Nerven können wir fühlen. Gleichzeitig übermitteln sie Botschaften an unser Gehirn. Hast du dich in den Finger gestochen, meldet der Nerv dem Gehirn: „Aua!“ Das Gehirn sendet dann Befehle aus, die über unsere Nerven an die richtigen Muskeln gesendet werden. Diese reagieren sofort: Du ziehst den Finger schnell zurück. Das alles passiert automatisch.

Die Gefühle

das Lachen

Beim Lachen bewegen wir 17 Muskeln allein im Gesicht. Die Mundwinkel wandern nach oben, die Augenbrauen werden hochgezogen und manchmal wirft man sogar den Kopf in den Nacken. All das sind Zeichen dafür, dass wir uns über etwas freuen oder etwas komisch finden. Und lachen ist ansteckend: Wenn jemand anderes gute Laune hat, muss man oft mitlachen.

das Weinen

An manchen Tagen ist man traurig. Man fühlt sich einsam, vermisst jemanden oder es ist etwas Trauriges passiert. Dann kullern ein paar Tränen über die Wangen und du musst weinen. Trauer, genau wie Freude, nennt man ein Gefühl. Ärger, Überraschung und Furcht sind ebenfalls Gefühle. Sie signalisieren uns und den anderen Menschen, wie es uns gerade geht.

der Schmerz

Wenn du hinfällst und dir zum Beispiel den Ellbogen aufschürfst, tut dir das weh. Diese Schmerzen treten auf, da die Haut verletzt ist. Die Nerven melden dem Gehirn einen Schaden und dein Gehirn sendet Schmerzsignale aus. Der Schmerz soll dich warnen: Er sagt dir, dass etwas nicht in Ordnung ist und du nun ganz vorsichtig sein musst, damit es nicht schlimmer wird.

Die fünf Sinne

Für jeden Sinn gibt es ein Organ: das Auge zum Sehen, das Ohr zum Hören, die Zunge zum Schmecken, die Haut zum Fühlen – und mit der Nase kann ich den Duft der Blume riechen!

riechen

Die Nase ist das Sinnesorgan, mit dem wir riechen. Wenn jemand in unserer Nähe kocht oder etwas gut duftet, atmen wir den Geruch mit der Luft ein. Der Duft reizt die kleinen Riechzellen in unserer Nase. Die Nerven geben die Informationen an das Gehirn weiter. Jetzt erkennen wir zum Beispiel den Blumenduft. Unser Gehirn entscheidet, ob wir den Geruch mögen oder nicht. Wenn wir einen Schnupfen haben, können wir meist nicht mehr so gut riechen, denn die Nase ist verstopft. Oft schmeckt uns dann das Essen auch nicht. Denn Geruchs- und Geschmackssinn hängen zusammen.

schmecken

Mit der Zunge schmecken wir. Auf der Zunge befinden sich viele winzig kleine Geschmacksknospen. Sie können erkennen, ob das Essen süß oder salzig, sauer oder bitter schmeckt. Wenn wir das Essen kauen, bewegt es sich im Mund hin und her. Ganz vorne an der Zungenspitze sitzen die Knospen für den süßen Geschmack. „Bitter" erkennt die Zunge weiter hinten. Beim Schmecken hilft uns aber nicht nur die Zunge. Die Nase erkennt gleichzeitig, ob das Essen gut oder schlecht riecht.

hören

Wir hören mit den Ohren. Wenn jemand spricht, ein Auto hupt oder ein Hund bellt, fängt die Luft an zu schwingen. Diese Schwingungen nennt man auch Schallwellen, denn sie bewegen sich wie Wellen vorwärts. Diese unsichtbaren Wellen treffen auf unser Ohr, genauer gesagt auf das Trommelfell. Dieses beginnt dann ebenfalls zu schwingen. Nerven leiten diese Schwingungen weiter ans Gehirn und wir hören Geräusche. Mit nur einem Ohr könnten wir nicht genau sagen, aus welcher Richtung ein Geräusch kommt. Mit zwei Ohren lässt sich schneller herausfinden, woher es kommt.

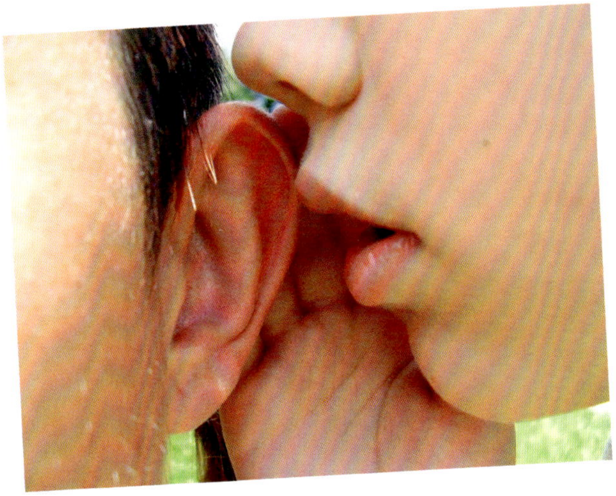

fühlen

Um herauszufinden, ob Wasser kalt oder warm ist, halten wir meist die Hand hinein. Aber auch unsere Füße könnten die Temperatur prüfen. Denn wir fühlen über unsere Haut. Sie ist das größte Sinnesorgan des Menschen und bedeckt unseren ganzen Körper. Überall in der Haut sind winzig kleine Sensoren, die zum Beispiel auf Druck, Wärme und Kälte reagieren. Diese Sensoren melden ihre Ergebnisse direkt an das Gehirn. Ist das Wasser zu heiß, reagiert das Gehirn blitzschnell und wir ziehen unsere Hand weg.

sehen

Wir haben zwei Augen, mit denen wir sehen können. In der Mitte haben alle Augen einen schwarzen Punkt, die Pupille. Die Pupille ist eine Öffnung, durch die Licht ins Auge gelangt. Dadurch können wir unsere Umgebung farbig sehen. Wenn es dunkler wird, sehen wir alles nur noch in Grau. Ist es ganz dunkel, sehen wir nichts mehr. Es gibt unterschiedliche Augenfarben: Braun, Grün, Grau oder Blau.

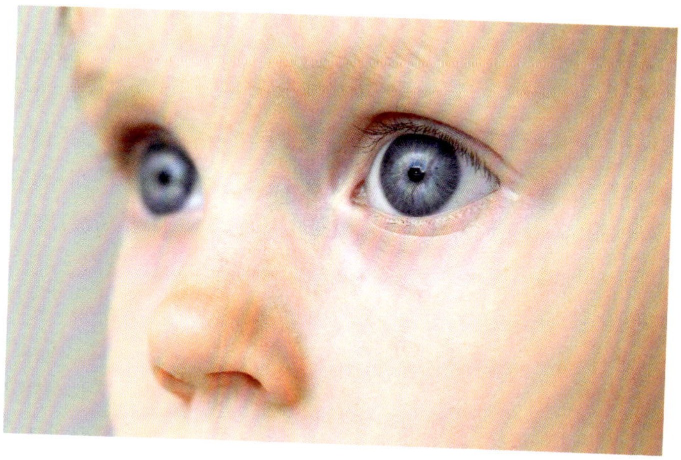

Das Leben

der Junge und der Mann

Jungen und Mädchen sehen unterschiedlich aus: Jungen haben einen Penis und Hoden. Wenn ein Junge erwachsen wird, nennt man ihn Mann. Seine Stimme wird tiefer. Er bekommt breitere Schultern und im Gesicht einen Bart. Manchmal wachsen ihm auch Haare auf der Brust. Mit einer Frau zusammen kann ein Mann ein Kind zeugen und Vater werden.

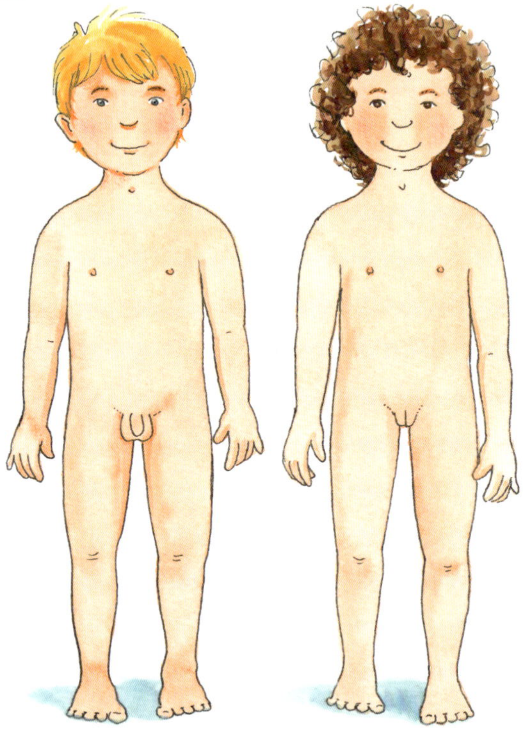

das Mädchen und die Frau

Anders als die Jungen haben Mädchen eine Scheide. Wird ein Mädchen erwachsen, nennt man sie Frau. Sie bekommt einen Busen und breitere Hüften. Frauen haben schmalere Schultern und eine höhere Stimme als Männer. Eine Frau kann schwanger werden und ein Kind bekommen. Nachdem eine Frau ein Kind zur Welt gebracht hat, ist in ihren Brüsten Milch, die das Baby trinken kann.

die Schwangerschaft

Wenn eine Frau schwanger ist, wächst in ihrem Bauch ein Kind heran. Am Anfang ist es noch kleiner als ein Reiskorn! Das Kind ist mit der Mutter über die Nabelschnur verbunden, die es mit Nährstoffen versorgt. Langsam wird das Kind größer und der Bauch der Schwangeren wächst. Bald kann die Mutter fühlen, wie sich ihr Kind im Bauch bewegt. Nach neun Monaten kommt das Baby dann auf die Welt.

wachsen

Ein Mensch verändert sich im Laufe seines Lebens. Von der Geburt bis etwa zu seinem 18. Lebensjahr wächst er ständig – mal schneller, mal langsamer. Und nicht nur die Körpergröße verändert sich. Auf dem Weg zum Erwachsenwerden wachsen den Mädchen Brüste und die Jungen bekommen einen Bart. Zwei Körperteile beim Menschen hören das ganze Leben nicht auf zu wachsen: die Nase und die Ohren. Jahr um Jahr werden sie ein klitzekleines bisschen größer. Das fällt Männern und Frauen meist gar nicht auf.

altern

Jeder Mensch wird von Tag zu Tag ein bisschen älter. Und zwar von Geburt an! An unserem Geburtstag feiern wir den Tag, an dem wir auf die Welt gekommen sind. Dann sind wir wieder genau ein Jahr älter geworden. Von Altern sprechen wir aber meist erst bei älteren Menschen. Manche bekommen mit den Jahren graue Haare, anderen fallen die Haare aus. In ihrem Gesicht bilden sich Falten, denn die Haut ist im Alter nicht mehr so elastisch und glatt wie bei jungen Menschen.

sterben

Jedes Lebewesen auf der Erde lebt nur eine bestimmte Zeit. Ist ein Körper schon sehr alt und müde oder auch sehr krank, schläft er für immer ein. Dann stirbt der Mensch. Das finden wir meist sehr traurig. Doch wenn wir oft an diesen Menschen denken, lebt er in unseren Gedanken weiter. Auch Tiere und Pflanzen sterben irgendwann. Stirbt zum Beispiel ein Baum, wächst manchmal an derselben Stelle ein neuer Baum nach.

Gesundheit und Ernährung

die Ernährung

All die Dinge, die wir essen, nennt man Nahrung. Jeder Mensch muss täglich essen, damit er gesund und kräftig bleibt. Unsere Nahrung setzt sich aus unterschiedlichen Nährstoffen zusammen. Es gibt Proteine, Fette, Kohlenhydrate, Vitamine und Mineralsalze: Das alles brauchen wir zum Leben. Obst- und Gemüsesorten haben zum Beispiel viele Vitamine und Fisch enthält viel Eiweiß.

essen

Um zu wachsen und gesund zu bleiben, müssen wir regelmäßig und vielseitig essen. Denn wir benötigen die unterschiedlichsten Nährstoffe. Wenn man immer nur dasselbe isst, fehlen dem Körper irgendwann zum Beispiel Vitamine. Dann wirst du krank. Hast du Hunger, sagt dir dein Körper, dass er etwas zu essen braucht. Sind wir satt, ist das ein Zeichen dafür, dass wir genug gegessen haben.

trinken

Unser Körper besteht zu einem Großteil aus Wasser. Daher sollte ein Erwachsener am Tag ungefähr zwei Liter trinken. Das kann zum Beispiel Wasser, Tee oder Saft sein. Nur zu viel Zucker sollte das Getränk nicht enthalten. Denn der macht einem noch mehr Durst.

die Krankheit

Manchmal fühlt man sich nicht wohl. Man hat einen Schnupfen, Husten oder vielleicht sogar Fieber. Dann ist man krank. Winzig kleine Bakterien oder auch Viren haben den Körper mit einer Krankheit infiziert. Die eigene Körperabwehr im Blut konnte das nicht verhindern. Am besten geht man dann zu einer Ärztin oder einem Arzt und lässt sich untersuchen. Bei schlimmeren Krankheiten schickt der Arzt oder die Ärztin den Patienten oder die Patientin in ein Krankenhaus. Hier können Menschen operiert werden oder besondere Behandlungen bekommen, damit sie schneller gesund werden.

der Kinderarzt/die Kinderärztin

Die Kinderärztin kennt sich nicht nur mit Krankheiten, sondern auch mit Kindern gut aus. Zu ihr geht man nicht nur, wenn man krank ist. Sie impft dich auch gegen verschiedene Krankheiten. So sorgen sie dafür, dass du diese erst gar nicht bekommst. Bei den Vorsorgeuntersuchungen kontrolliert sie, ob ein Kind alles Wichtige für sein Alter kann und wie groß es schon geworden ist. Sie hört mit einem Stethoskop die Atmung ab und schaut in den Hals und die Ohren, um zu sehen, ob alles in Ordnung ist.

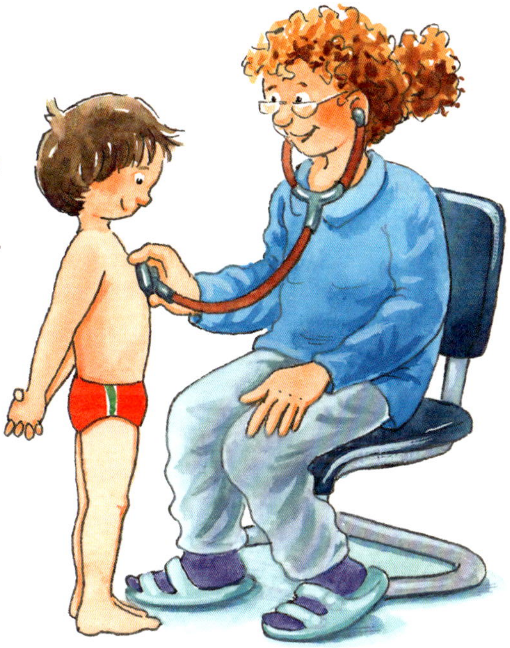

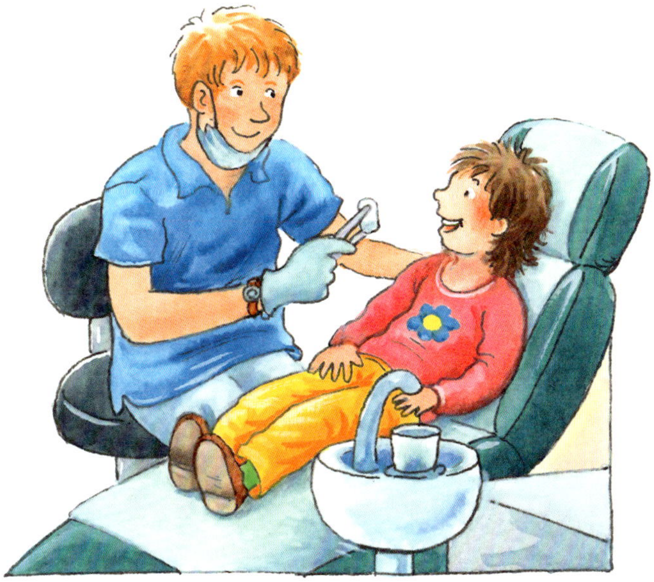

der Zahnarzt/die Zahnärztin

Dieser Arzt hat sich auf Zähne spezialisiert. In seiner Praxis sitzt du auf einem großen Behandlungsstuhl. Bei der Untersuchung kontrolliert der Zahnarzt, ob deine Zähne in Ordnung sind. Hast du mal ein Loch, muss er bohren und das Loch mit einer Füllung schließen. Ein Zahnarzt erklärt dir auch, wie du am besten deine Zähne putzen solltest. Benutzt du regelmäßig und mindestens zweimal am Tag deine Zahnbürste, vermeidest du Löcher und hältst deine Zähne gesund.

Kannst du das auch?

Dienstags sind Marie und Zeki immer beim Kinderturnen. In der großen Turnhalle lernen die beiden jede Woche etwas Neues. Ihre Turnlehrerin Frau Müller hilft ihnen dabei. Heute sind Maries Mama und Ole zum Zuschauen gekommen. Sie setzen sich auf eine Langbank am Rand.

Frau Müller hat in der ganzen Turnhalle verschiedene Stationen aufgebaut: Turnmatten, Langbänke und Kästen stehen überall in der Halle verteilt.

„Heute dürft ihr euch an jeder Station selbst eine Übung ausdenken“, erklärt Frau Müller. „Und geht immer zu zweit zusammen an eine Station.“

Marie und Zeki turnen natürlich zusammen. „Pass mal auf, was ich schon alles kann!“, sagt Marie zu Zeki.

Marie stellt sich auf die Matte, macht einen Purzelbaum und steht wieder auf ihren Beinen. „Kannst du das auch?“, fragt sie Zeki.

„Ich kann sogar was viel Schwierigeres!“, sagt Zeki angeberisch. Er zeigt Marie einen Rückwärtspurzelbaum. „Kannst du das auch?“, fragt er sie.

„Ich kann noch was viel Besseres“, antwortet Marie und zeigt Zeki, wie man ein Rad schlägt. „Das kannst du bestimmt nicht!“

Zeki und Marie laufen jetzt schnell zur Langbank. Jeder möchte dem anderen zeigen, wie toll er balancieren kann. „Passt auf! Wackelt nicht so herum!“, ruft Frau Müller. Doch zu spät! Schon purzeln sie auf die Matte.

„Uff“, stöhnt Marie und Zeki reibt sich den Po. Da rennt Ole blitzschnell zu ihnen hin. „Das kann ich noch viel besser als ihr!“, kräht er und lässt sich mit einem lauten Plumps auf die Matte fallen. Maries Mutter lacht und ruft den drei Kindern zu: „Ich glaube, Ole hat gewonnen!“

In der Stadt gibt es eine Menge zu entdecken! Und nicht nur da: Im Kindergarten, auf dem Sportplatz, zu Hause oder im Garten – überall geschehen immer wieder neue, aufregende Dinge. Hast du den Postboten mit dem großen Paket gesehen? Und was spielen die Kinder im Kindergarten?

Deine Welt

Dein Zuhause

das Haus

Ein Haus hat viele Räume: Badezimmer, Küche, Wohnzimmer, Schlafzimmer und Kinderzimmer zum Beispiel. In jedem Raum kannst du unterschiedliche Dinge tun: Im Badezimmer kannst du etwa baden oder duschen. Oft steht hier auch eine Waschmaschine zum Wäschewaschen. In der Küche gibt es einen Herd zum Kochen und den Kühlschrank, in dem Lebensmittel gekühlt werden.

der Computer

Ein Computer ist eine Maschine, die unter anderem aus einem Rechner, einem Bildschirm und einer Tastatur besteht. Um damit schreiben, malen oder spielen zu können, braucht man verschiedene Programme. Viele Menschen nutzen den Computer bei der Arbeit.
Mit dem Computer kann man außerdem im Internet surfen.

der Fernseher und das Radio

Mit einem Radio kann man Musik oder Nachrichten hören und mit einem Fernseher Fernsehsendungen anschauen. Die Sendungen werden jeweils in einem Studio produziert. Die Bilder und Töne werden anschließend in unsichtbare Wellen umgewandelt und über einen Sender in die Luft gesendet. Mit einer Antenne werden diese Wellen wieder aufgefangen. Machst du nun das Fernseh- oder Radiogerät an, kannst du das Programm verfolgen.

die Wasserleitung

Über die Wasserleitungen kommt Wasser zu uns. Das ist so sauber, dass man es trinken kann. Man nennt es deshalb auch Trinkwasser. Unser Trinkwasser stammt meist aus einem See, einem Fluss oder aus dem Grundwasser. In einem Wasserwerk wird es gereinigt und fließt dann durch unterirdische Rohre zu uns ins Haus. Das Schmutzwasser fließt durch Abwasserleitungen aus dem Haus heraus direkt in die Kanalisation und wird zur Kläranlage geleitet. Dort wird das Wasser wieder gesäubert.

die Stromleitung

Über die Stromleitungen werden wir mit Strom versorgt. Damit werden alle elektrischen Geräte, wie zum Beispiel der Staubsauger und der Kühlschrank, betrieben. In jedem Zimmer gibt es Steckdosen, um die Geräte an das Stromnetz anzuschließen. Auch die Lampen sind an den Stromkreislauf angeschlossen. Mit den Lichtschaltern kannst du sie an- und ausschalten.

die Müllentsorgung

In jedem Haus wird der Müll in Mülltonnen gesammelt. Für jede Müllsorte gibt es eine eigene Tonne. Auf diese Weise trennt man Restmüll, Biomüll, Papier, Verpackungsmüll (gelber Sack), Glas und Dosen voneinander. Aus dem gesammelten Altglas wird zum Beispiel wieder neues Glas hergestellt. Der Restmüll landet auf einer Mülldeponie oder in einer Anlage, wo er verbrannt wird. Die Tonnen werden von der Müllabfuhr zu bestimmten Zeiten geleert.

Dein Tag

Nach dem Kindergarten treffe ich mich fast jeden Tag mit Marie zum Spielen. Dann unternehmen wir immer etwas anderes: Heute haben wir ein Hörspiel gehört. Die Zeit bis zum Abendessen vergeht ganz schnell!

waschen

Morgens waschen wir uns, kämmen das Haar und putzen die Zähne. Mindestens zwei Minuten sollte das Putzen dauern! Da im Schmutz oft Krankheitskeime stecken, sollten wir uns auch zwischendurch immer wieder gut die Hände waschen. Vor dem Zubettgehen waschen wir uns wieder gründlich und auch die Zähne werden noch einmal geputzt.

spielen

Kinder und auch viele Erwachsene haben eine Menge Spaß am Spielen. Manche Spiele kann man alleine spielen, andere spielt man mit Freunden. Spielen kannst du überall: auf dem Spielplatz, zu Hause, bei Freunden oder im Kindergarten. Für einige Spiele braucht man noch nicht einmal Zubehör. Man denkt sie sich in der Fantasie aus.

die Mahlzeiten

Frühstück, Mittag- und Abendessen – das sollten die drei großen Mahlzeiten am Tag sein. Im Kindergarten machen außerdem alle Kinder zusammen eine Frühstückspause. Beim Essen tankt dein Körper Kraft und Energie. Deshalb ist es am besten, wenn man sich für die gemeinsamen Mahlzeiten Zeit nimmt und in Ruhe am Tisch isst. Außerdem ist es wichtig, dass du dich gesund ernährst.

arbeiten

Erwachsene müssen arbeiten, um Geld zu verdienen. Es gibt viele unterschiedliche Berufe, zwischen denen man wählen kann: Ärztin, Automechaniker, Polizist, Anwältin, Verkäuferin oder Kranführer zum Beispiel. Meistens ist der Arbeitsplatz nicht zu Hause. So arbeiten viele Menschen in einem Büro, einer Firma oder einer Werkstatt. Aber auch zu Hause gibt es viel Arbeit zu erledigen: kochen, putzen oder Wäsche waschen.

schlafen

Nach einem langen Tag sind wir am Abend müde. Dann gehen wir schlafen. Im Schlaf kann sich unser Körper von den Anstrengungen des Tages erholen. Alle Menschen träumen, während sie schlafen. Allerdings kann man sich nicht immer an die Träume erinnern. Wenn wir müde sind, schlafen wir auch mal tagsüber.

die Familie

Eine Familie kann aus den unterschiedlichsten Mitgliedern bestehen. Häufig sind das die Eltern und die Geschwister. Auch Omas und Opas, Tanten und Onkel gehören zu einer Familie dazu. Nicht alle Familienmitglieder müssen zusammen unter einem Dach wohnen. Manchmal trennen sich die Eltern. Dann wohnen die Kinder abwechselnd bei Mutter und Vater. Lernt einer der beiden wieder jemanden kennen, wird eine Familie noch größer. Dann bekommt man einen Stiefvater oder eine Stiefmutter und vielleicht sogar neue Geschwister dazu.

Kindergarten und Schule

Ole, Zeki und ich gehen in den Kindergarten. Dort können wir den ganzen Tag spielen! Ich bastle am liebsten, Zeki macht gerne Experimente. Zekis großer Bruder Emre geht schon in die Schule!

der Kindergarten

In den Kindergarten gehen die Kinder, bevor sie alt genug für die Schule sind. Sie können dort mit anderen Kindern spielen, malen, gemeinsam Musik machen oder basteln. Erzieherinnen und Erzieher passen auf die Mädchen und Jungen auf. Sie lesen ihnen Geschichten vor, zeigen ihnen, wie man bastelt oder auch Buchstaben schreibt, und unternehmen mit ihnen Ausflüge.

die Freunde

Jeder Mensch braucht einen guten Freund oder eine Freundin. Das ist jemand, dem man alles erzählen kann. Mit einem Freund oder einer Freundin kann man spielen und zusammen über lustige Sachen lachen. Nicht nur Kinder haben Freunde. Auch Erwachsene brauchen jemanden, mit dem sie reden und lachen können.

die Schule

Nach dem Kindergarten oder der Vorschule kommen alle Kinder in die Schule. Um jede Klasse kümmert sich ein Lehrer oder eine Lehrerin. Unterrichtet wird die Klasse in ihrem Klassenraum. Hier stehen die Tische und Stühle für die Kinder, die Tafel und das Lehrerpult.

der Unterricht

Der Schulunterricht ist in verschiedene Fächer unterteilt. In der Grundschule gibt es Mathematik, Deutsch, Sport, Kunst, Musik und Sachkunde. Damit die Schüler genau wissen, wann sie welches Fach haben, erhalten sie am ersten Schultag einen Stundenplan. Zwischen den einzelnen Schulstunden gibt es Pausen. In denen können die Kinder etwas essen und trinken und auf dem Pausenhof spielen.

die Schultasche

In die Schultasche steckt man alles, was man für die Schule braucht: Hefte, Federmäppchen, Bücher und natürlich das Pausenbrot. Eine Schultasche muss gut auf dem Rücken sitzen. Sie darf auch nicht zu voll gepackt werden, sonst bekommt man vom Tragen Rückenschmerzen.

In der Stadt

Heute baue ich eine
Stadt aus Bauklötzen: mit Geschäften,
Hochhäusern und einem Krankenhaus.
Auch ein Kino muss es in meiner Stadt
geben. Dort war ich am Wochenende
mit Papa und Marie und habe
einen Film geguckt!

die Gebäude

In einer Stadt wohnen und arbeiten viele Menschen und es gibt ganz unterschiedliche Gebäude: Wohn- und Bürohäuser, Museen und Theater, Kinos und Restaurants, Arztpraxen und Krankenhäuser, Banken, Hotels und noch viele andere. In den Fußgängerzonen reihen sich eine Menge Geschäfte aneinander, in denen man viele Dinge kaufen kann. Auch Schwimmbäder, Turnhallen und Sportplätze gibt es in jeder Stadt!

der Park

In einem Park gibt es viele Bäume und Wiesen und manchmal auch einen See. Dort kann man spazieren gehen, spielen oder sich erholen. In vielen Städten findet man deshalb oft größere Parkanlagen, die meist auch einen Spielplatz für Kinder haben.

das Stadion

In einem Stadion finden Sportveranstaltungen wie zum Beispiel Fußballspiele oder Leichtathletikwettkämpfe statt. Manchmal treten in Stadien auch Musizierende auf, die ein Konzert geben. In der Mitte des Stadions befindet sich das Spielfeld. Meist ist das Spielfeld von einer Laufbahn umgeben. Rund um die Bahn befinden sich die Sitzplätze für die Zuschauer und Zuschauerinnen.

die Fabrik

In Fabriken werden die unterschiedlichsten Sachen hergestellt wie Schuhe, Autos oder Farbkästen. Die Menschen in einer Fabrik arbeiten an großen Maschinen oder stehen am Fließband. Dort fertigen sie viele Dinge in kurzer Zeit an. In einer Fabrik ist alles genau geplant. Jede Arbeiterin und jeder Arbeiter führen einen bestimmten Schritt bei der Fertigstellung aus: Zum Beispiel befestigt einer oder eine nur die Autotüren. Das kann er oder sie dann besonders gut und sehr schnell. Eine Fabrik kannst du oft an ihren großen Schornsteinen erkennen.

das Museum

In einem Museum sind seltene und wertvolle Dinge ausgestellt. In einigen Museen werden zum Beispiel die Bilder berühmter Maler gezeigt. In anderen kannst du Dinosaurierskelette oder altes Spielzeug aus vergangenen Jahrhunderten bewundern. Manche Museen bieten Experimente oder Führungen zum Mitmachen an. So kann man ganz leicht selbst erkunden, wie Dinge funktionieren oder wie die Menschen vor vielen Jahren gelebt haben.

Beim Einkaufen

Marie und ich gehen zum Bäcker. Wir wollen Brötchen kaufen. Mama hat mir das Geld dafür mitgegeben. Und die nette Verkäuferin im Laden kennt uns schon und schenkt uns immer einen süßen Keks!

das Geschäft

In Geschäften kann man Dinge kaufen. Viele Geschäfte haben sich auf ein bestimmtes Angebot spezialisiert: So gibt es in einer Metzgerei nur Fleisch und Wurst und in einer Bäckerei nur Backwaren. Große Kaufhäuser bieten dagegen viele unterschiedliche Dinge an. In den verschiedenen Abteilungen kann man Elektrogeräte, Lebensmittel, Kleidung und Spielwaren kaufen.

das Geld

Mit Geld können wir Waren kaufen. Vor vielen Hundert Jahren hatten die Menschen noch kein Geld. Damals tauschten sie Gegenstände miteinander, wenn sie etwas brauchten: zum Beispiel das Fell eines Tieres gegen einen Sack Getreide. Mit Geld ist es allerdings viel einfacher, Waren zu vergleichen. So kann man auf einen Blick sehen, ob ein Buch teurer oder billiger als ein anderes ist.

der Supermarkt

Früher gab es Fleisch nur beim Metzger, Brot beim Bäcker und Zahnpasta in der Drogerie. Heute gibt es die unterschiedlichen Geschäfte immer noch. Allerdings bekommt man die Dinge auch alle im Supermarkt. Die Waren sind dort oft billiger, da sie in größeren Mengen eingekauft werden. Viele Lebensmittel sind jedoch nicht frisch, sondern abgepackt, in Dosen eingemacht oder tiefgefroren.

die Kasse

In jedem Geschäft muss man die Waren an der Kasse bezahlen. Jede Ware hat einen bestimmten Preis. Der Preis gibt an, wie teuer etwas ist. Die Kassiererin tippt entweder die Preise in die Kasse ein oder zieht den Strichcode über den Scanner. So erkennt die Kasse automatisch, welches Produkt gekauft wird und wie viel es kostet. Sind alle Waren in die Kasse eingegeben, sagt einem die Kassiererin, wie viel Geld man zahlen muss.

der Markt

Auf dem Markt bieten die Händler und Bauern frisches Obst und Gemüse an. Auch andere Lebensmittel wie Eier, Brot oder Wurst, und sogar Blumen kann man hier kaufen. Manchmal gibt es auch Stände mit Kleidung oder Spielzeug. Meistens findet der Markt ein- oder zweimal in der Woche und immer auf dem gleichen Platz statt.

die Lebensmittel

Lebensmittel sind Dingc, die wir für unsere Ernährung benötigen. Hierzu zählen Milch, Obst, Gemüse, Brot und Fleisch. Damit wir nicht krank werden, ist es wichtig, frische und gesunde Lebensmittel zu kaufen. Beim Einkauf sollte man außerdem immer auf das Haltbarkeitsdatum auf den Verpackungen achten. Dieses Datum verrät dir, wie lange du zum Beispiel den Joghurt noch essen kannst, bevor er schlecht wird.

Sport und Wettkampf

die Sportarten

Es gibt viele verschiedene Sportarten: zum Beispiel Joggen, Ballett, Fußball, Hockey oder Radfahren. Manche Sportarten, wie Schwimmen oder Segeln, macht man im und auf dem Wasser, bei anderen saust man durch den Schnee, übers Eis oder durch die Luft. Oder man rennt durch die Turnhalle, klettert auf einen Berg oder flitzt über den Rasen.

die Mannschaft

Einige Sportarten werden in einer Mannschaft ausgeübt. Man nennt sie auch Mannschaftssportarten. Bei diesen ist es besonders wichtig, dass die einzelnen Spieler und Spielerinnen gut im Team zusammenspielen. Denn nur die gemeinsam erbrachte Leistung entscheidet über Sieg oder Niederlage. Beim Training werden Taktiken und Spielzüge eingeübt. So weiß jeder in der Mannschaft, was er während des Spiels zu tun hat.

die Bewegung

Viele Menschen treiben Sport, um fit zu bleiben. Sie haben Spaß an der Bewegung und merken, dass ihnen der Sport guttut. Wer regelmäßig Sport treibt, lebt gesünder. Die Bewegung trainiert die Muskeln und macht den Körper gelenkig.

die Regeln

Feste Regeln sorgen bei jeder Sportart dafür, dass alle Teilnehmenden die gleichen Chancen haben. Sie geben vor, was erlaubt und was verboten ist. Jeder und jede müssen sich an die Regeln halten. Tun sie das nicht, werden sie disqualifiziert. Das heißt, sie dürfen nicht mehr mitmachen. In den Regeln ist zum Beispiel festgelegt, wann beim Fußball ein Tor erzielt wurde und wo der Torwart oder die Torwärtin den Ball mit den Händen fangen darf. Die Regeln beim Eiskunstlaufen bestimmen, wie bestimmte Drehungen und Sprünge gezeigt werden sollen.

der Wettkampf

In vielen Sportarten werden Wettkämpfe ausgetragen, bei denen sich die Sportler und Sportlerinnen gegeneinander kämpfen. Bei Europa- und Weltmeisterschaften treten verschiedene Nationen gegeneinander an. Die Fußballweltmeisterschaft findet zum Beispiel alle vier Jahre statt. Es gibt aber auch viele regionale Sportveranstaltungen wie Schul- oder Stadtmeisterschaften.

die Olympischen Spiele

Seit über 2500 Jahren gibt es die Olympischen Spiele schon. Zum ersten Mal wurden diese Wettkämpfe in Griechenland ausgetragen. Heute finden sie alle vier Jahre in einem anderen Land statt. Man unterscheidet die Olympischen Winter- und Sommerspiele voneinander, bei denen ganz unterschiedliche Sportarten auf dem Programm stehen. Bei den Wettkämpfen messen sich die besten Sportlerinnen und Sportler aus der ganzen Welt in ihren Disziplinen.

Malen und Musizieren

Kling, kling, bum, lalala!
Musik machen macht riesigen Spaß!
Und wenn wir groß sind,
gründen wir eine Band und
werden berühmt!

die Malerei

Malerinnen und versuchen mit ganz unterschiedlichen Maltechniken, Geschichten, Gefühle und Stimmungen festzuhalten. Schon die Menschen der Urzeit haben vor rund 14 000 Jahren Bilder auf Felswände gemalt. Mit ihren Bildern wollten sie anderen Menschen etwas erzählen. Im Laufe der Zeit haben Künstler und Künstlerinnen ganz verschiedene Stile entwickelt: Sie veränderten Farben und Formen oder versuchten, durch Licht und Schatten die Stimmung des Bildes zu ändern.

die Farben

Zum Malen braucht man Farben.
Die Farben Blau, Gelb und Rot nennt man Grundfarben. Aus diesen drei Farben können alle anderen Farben gemischt werden. So wird aus Gelb und Blau Grün. Aus Rot und Gelb wird Orange. Und aus Blau und Rot wird Violett. Künstler verwenden für ihre Bilder unterschiedliche Farben. Sie malen zum Beispiel mit Aquarell- oder Ölfarben.

der Komponist/die Komponistin

Komponisten und Komponistinnen sind Menschen, die neue Musikstücke und Melodien erfinden. Diese Tätigkeit nennt man „komponieren“. Damit Musikerinnen und Musiker die Musikstücke nachspielen können, werden sie in einer Notenschrift aufgeschrieben. Berühmte Komponisten waren zum Beispiel Ludwig van Beethoven und Wolfgang Amadeus Mozart.

die Musik

Die Musik ist eine Form, seine Gefühle auszudrücken. Lieder können zu ganz unterschiedlichen Musikrichtungen gehören. Es gibt klassische Musik, aber auch moderne Musik. Hierzu zählt unter anderem die Rock- und Popmusik. Aber auch jeder und jede von uns kann Musik machen. Wer gerne singt, tritt zum Beispiel einem Chor bei.

die Noten

Mit Noten kann man Musikstücke aufschreiben. Dafür gibt es eine richtige Schrift: die Notenschrift. Eine Note wird als dicker schwarzer Punkt oder Kreis geschrieben. Manche haben einen langen Strich. Das ist der Notenhals. Noten stehen auf Notenlinien. Je nachdem, auf welcher Linie die Note steht, wissen die Musizierenden, welchen Ton sie spielen müssen.

das Musikinstrument

Mit einem Musikinstrument kann man unterschiedliche Töne erzeugen. Es gibt Tausende Instrumente. Viele Kinder lernen zum Beispiel Blockflöte oder Glockenspiel spielen. Die Blockflöte ist ein Blasinstrument. Das bedeutet, man erzeugt durch das Hineinblasen einen Ton. Ein Glockenspiel zählt zu den Schlaginstrumenten, da du mit einem Schlägel auf die einzelnen Plättchen schlägst.

Glaube und Religion

Papa hat mir heute aus einem Buch über Religionen vorgelesen. Es gibt ganz unterschiedliche Religionen! In unserer Stadt gibt es eine Kirche und eine Moschee, in denen die Menschen beten.

der Glaube

Die meisten Menschen glauben an etwas oder jemanden. Doch ihr Glaube kann sehr unterschiedlich sein. Die fünf größten Religionen nennt man auch Weltreligionen. Es sind das Christentum, der Islam, der Hinduismus, der Buddhismus und das Judentum.

das Christentum

Die Christen glauben an einen heiligen Gott und seinen Sohn Jesus Christus. Dieser lebte vor mehr als 2000 Jahren auf der Erde. Der christliche Glaube besagt, dass Christus nach seinem Tod in den Himmel gekommen ist und Gott die Menschen ebenfalls eines Tages von den Toten auferstehen lassen wird. In einer Kirche treffen sich die Gläubigen, um gemeinsam Gottesdienst zu feiern. Ihre Heilige Schrift ist die Bibel.

der Islam

Auch die Muslime, die Anhänger des Islam, glauben an einen heiligen Gott. Auf Arabisch heißt Gott Allah. Die islamische Religion wurde von Mohammed gegründet. Er predigte seinen Anhängern und Anhängerinnen das Wort Gottes. Muslime glauben, dass sie nach dem Tod wieder zum Leben erweckt werden. Haben sie ein gutes Leben geführt, kommen sie ins Paradies. Das Gotteshaus der Muslime heißt Moschee. Die wichtigste Heilige Schrift ist der Koran.

das Judentum

Die Anhängerinnen und Anhänger des Judentums sind die Juden. Ihren Gott nennen sie Jahwe. Das Judentum wurde vor vielen Tausend Jahren von Moses gegründet. Die Juden glauben, dass er von Gott die Gesetze bekommen hat, nach denen die Menschen leben sollen. Die wichtigste Heilige Schrift der Juden ist die Thora. Sie enthält die fünf Bücher Mose. Diese Bücher sind auch in der Bibel der Christen enthalten. Das Gotteshaus der Juden wird Synagoge genannt. Hier beten die Gläubigen.

der Hinduismus

Der Hinduismus ist in Asien weit verbreitet. In dieser Religion gibt es viele Götter. Die Götter werden in Tempeln verehrt. Die Anhänger und Anhängerinnen des Hinduismus nennt man Hindus. Sie glauben, dass die Menschen nach dem Tod wiedergeboren werden. Wer in seinem jetzigen Leben viele gute Taten vollbringt, kommt in seinem nächsten Leben zum Beispiel als Heiliger auf die Welt. Wer jedoch kein gutes Leben führt, wird vielleicht als armer Mensch wiedergeboren.

der Buddhismus

Auch der Buddhismus kommt aus Asien. Diese Religion wurde von Buddha gegründet, der eigentlich Siddhartha Gautama hieß. Wer an den Buddhismus glaubt, nennt sich Buddhist. Die Buddhisten haben keinen Gott. Wie die Hindus glauben sie an die Wiedergeburt. Nach ihrem Tod kommen sie in einem neuen Körper auf die Welt. Doch sie können aus diesem Kreislauf erlöst werden. Wenn der Mensch den Hass überwindet und keine Wünsche mehr hat, wird er nicht mehr wiedergeboren. Dann kommt er ins Nirwana, wo es kein Leiden gibt.

Die Stadt aus Sand

Heute ist endlich wieder einmal schönes Wetter. Ole ist mit seinem Papa im Garten. Zusammen sitzen sie im Sandkasten und buddeln geschäftig im Sand.

Papa und Ole sind jetzt schon eine ganze Weile draußen im Sandkasten. Zwischendurch laufen sie immer wieder zum Wasserhahn und holen einen Eimer voller Wasser.

Neugierig schaut Marie aus dem Wohnzimmerfenster. Was die beiden wohl treiben? Schnell zieht sie sich die Schuhe an und macht sich auf den Weg in den Garten.

„Was macht ihr denn da?“, will Marie wissen, als sie vor dem Sandkasten steht. „Wir bauen eine Stadt“, sagt Ole stolz. „Mit Häusern, Straßen, Kindergärten und Geschäften. Und mit vielen Autos“, ergänzt Papa.

„Das da ist unser Haus“, erklärt Ole seiner Schwester.

„In diesem Haus wohnt Zeki mit seiner Familie.

Hier siehst du unsere Straße und dort parkt Papas Auto.

Und da ist der Supermarkt, zu dem Mama immer fährt.“

Marie ist beeindruckt. Sofort hüpft sie in den Sandkasten und hilft den beiden. Sie baut eine kleine Kirche und ein Kino. Mit dem nassen Sand geht das ganz leicht. Die drei sind so eifrig bei der Arbeit, dass sie nichts hören. Mama ruft bestimmt schon zum fünften Mal: „Abendessen ist fertig. Los, los, alle zu Tisch!“ Doch sie lassen sich nicht stören. Da hat Mama eine Idee.

Leise schleicht sie sich an die drei heran.

„Achtung, Achtung, es zieht ein Gewitter auf. Große Regenfälle werden erwartet!“, ruft sie, bevor sie das Wasser andreht. Alle Stadtbauer schauen erschrocken hoch und werden mit dem Gartenschlauch nass gespritzt. „Wenn ihr schon nicht hört, muss ich eben mitspielen“, sagt Mama und lacht.

Schau mal, die Müllabfuhr und die Feuerwehr sind unterwegs! Das Müllfahrzeug kann automatisch Mülltonnen leeren und in seinem Bauch ist genug Platz für riesige Abfallmengen. Die Feuerwehr fährt mit einer Leiter auf dem Dach zum Einsatz, damit sie bei einem Brand auch bis ans Hausdach kommt.

Die Fahrzeuge

Im Straßenverkehr

Ole und ich sausen am liebsten mit dem Roller und dem Fahrrad durch die Stadt. Für längere Strecken nehmen wir aber den Bus. Papa fährt jeden Morgen mit dem Auto zur Arbeit.

das Auto

Viele Menschen besitzen ein Auto, mit dem sie schnell und bequem ans Ziel kommen. Das Auto wird mit einem Motor angetrieben. Damit es fährt, muss man an einer Tankstelle Treibstoff in den Tank füllen. Die meisten Autos fahren mit Diesel oder Benzin. Mittlerweile gibt es aber auch Elektroautos, die mit Strom angetrieben werden! Wer Auto fahren will, muss erst in einer Fahrschule seinen Führerschein machen.

das Motorrad

Ein Motorrad hat zwei Räder und einen Motor. Es haben höchstens zwei Personen darauf Platz. Wenn man Motorrad fahren möchte, muss man bestimmte Schutzkleidung tragen: einen Helm, einen Nierengurt und am besten eine gut gepolsterte Jacke und Hose aus robustem Material. Damit ist man bei einem Unfall besser geschützt.

das Fahrrad

Wenn die Radfahrerin in die Pedale tritt, wird über eine Kette das Hinterrad gedreht: Dann fährt das Fahrrad vorwärts. Mit dem Lenker steuert man nach rechts oder links. Funktionierende Lichter und Reflektoren sorgen im Dunkeln dafür, dass man dich gut erkennen kann. Mit einem Fahrrad fährt man auf dem Radweg. Beim Fahrradfahren solltest du immer einen Helm tragen, denn der schützt deinen Kopf bei einem Sturz vor Verletzungen.

der Lastwagen

Ein Lastwagen ist ein großes Fahrzeug mit einem starken Motor. Er kann große Mengen transportieren. So bringt er kistenweise Joghurt und Milch von der Molkerei zum Supermarkt. Oder er liefert Sand zu einer Baustelle. Lastwagen werden auch Lastkraftwagen oder kurz Lkws genannt. Ein Lkw-Fahrer braucht einen besonderen Führerschein. Da er oft sehr lange Strecken fährt, gibt es in den meisten Lkws eine Schlafkabine. Dort kann der Fahrer sich zwischendurch ausruhen.

der Bus

Ein Bus kann viele Menschen von einem Ort zum anderen fahren. Am Steuer des Fahrzeugs sitzt der Busfahrer oder die Busfahrerin. An vielen verschiedenen Haltestellen steigen die Fahrgäste ein oder aus. Fahrpläne an den Haltestellen geben an, wann der Bus kommt und wohin er fährt. Wer in dem Bus mitfahren möchte, braucht einen Fahrschein. Den kannst du meist direkt beim Einsteigen kaufen.

die U-Bahn

U-Bahn ist die Abkürzung für Untergrundbahn. Diese Bahn rollt wie ein Zug auf Gleisen. Allerdings ist sie tief unter der Erde unterwegs. Sie fährt durch lange Tunnel von Haltestelle zu Haltestelle. Wenn du in eine U-Bahn einsteigen möchtest, musst du daher zuerst mit einer Rolltreppe hinunter auf den Bahnsteig fahren. Nur manchmal fährt die U-Bahn auch ein Stück überirdisch.

Im Einsatz

die Polizei

Die Polizei kommt, wenn ein Unfall passiert ist, sie regelt den Verkehr oder klärt Verbrechen auf. Mit ihrem Wagen gelangen die Polizisten und Polizistinnen in kurzer Zeit zu jedem Einsatzort. Schalten sie das Blaulicht und das Martinshorn ein, dürfen sie sehr schnell fahren und sogar über rote Ampeln brausen.

der Abschleppwagen

Ein Abschleppwagen ist ein Bergungsfahrzeug. Er kommt, wenn ein Auto kaputt ist. Es wird dann mit einem Kran auf die Ladefläche des Abschleppwagens geladen. Oder er zieht es mit einem Seil hinter sich her und bringt es in die Werkstatt. Der Abschleppwagen kommt auch zum Einsatz, wenn ein Fahrzeug falsch geparkt hat und zum Beispiel eine Toreinfahrt versperrt.

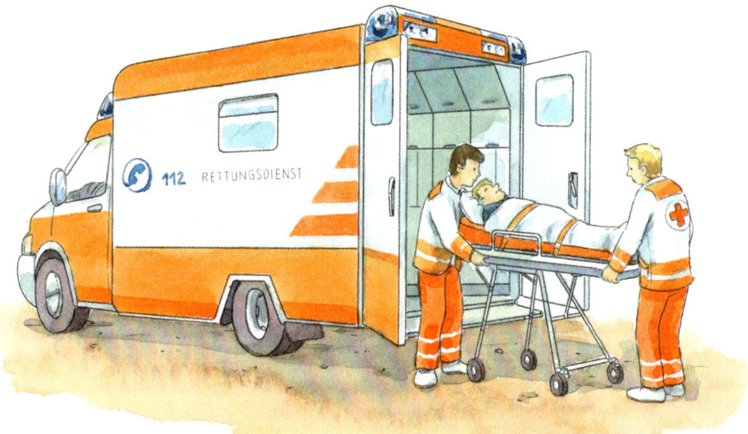

der Krankenwagen

Wenn jemand schwer verletzt oder sehr krank ist, braust ein Krankenwagen heran. Er fährt den Patienten dann mit Blaulicht und Martinshorn auf dem schnellsten Weg ins Krankenhaus. Dabei muss das Rettungsfahrzeug nicht einmal an einer roten Ampel halten. Alle anderen Autos fahren zur Seite und machen ihm Platz.

die Feuerwehr

Bei einem Brand wird die Feuerwehr alarmiert. In wenigen Minuten sind die Einsatzwagen vor Ort. Zuerst müssen alle Personen gerettet werden, dann löschen die Feuerwehrleute das Feuer. Für einen Einsatz gibt es unterschiedliche Fahrzeuge: einen Leiterwagen mit ausfahrbarer Leiter auf dem Dach, ein Löschfahrzeug mit großem Wassertank oder ein Einsatzleitfahrzeug, in dem ein Einsatz geplant wird. Doch die Feuerwehr rückt nicht nur bei einem Brand an: Sie hilft, wenn nach einem Sturm der Keller unter Wasser steht oder ein Hausdach zerstört wurde. Auch bei einem Verkehrsunfall ist sie oft zur Stelle.

die Straßenreinigung

Mit Bürsten und viel Platz für Müll sind die Wagen der Straßenreinigung ausgestattet. Die Männer und Frauen der Straßenreinigung sorgen dafür, dass die öffentlichen Mülleimer geleert werden und der Schmutz auf der Straße aufgesammelt wird. Auch für die Sauberkeit in Parkanlagen sind die Straßenreiniger zuständig.

die Müllabfuhr

Regelmäßig leert die Müllabfuhr Container und Mülltonnen. Die Müllwerker rollen die Abfallbehälter bis zu ihrem Fahrzeug. Dann hängen sie diese an der Wagenrückseite ein und drücken auf einen Knopf. Das Fahrzeug kippt die Behälter aus und der Müll fällt ins Innere des Autos, wo er mit einem riesigen Schieber zusammengedrückt wird.
Ist der Müllwagen voll, fahren die Müllwerker zu einer Mülldeponie oder Fabrik. Dort wird der Müll verbrannt oder verwertet.

Auf der Baustelle

der Radlader

Ein Radlader kann mit seiner Schaufel große Mengen an Kies, Erde oder Bauschutt transportieren. Meist räumt er auf der Baustelle Steine und Schmutz beiseite oder belädt einen Kipplaster. Mit seinen großen Rädern hat er auch auf unebenen oder schlammigen Böden einen sehr guten Halt. Gelenkt wird er durch die Hebel und Pedale im Führerhaus. Durch die großen Scheiben hat der Fahrer alles gut im Blick.

der Kipplaster

Ein Kipplaster bringt Sand und anderes Baumaterial zur Baustelle. Außerdem transportiert er den Schutt aus der Baugrube ab. Sobald die Ladefläche von einem Bagger voll beladen wurde, fährt der Laster auf eine Schuttsammelstelle. Dort kippt er die Ladefläche hoch und der Schutt rutscht herunter.

der Bagger

Der Bagger hebt die Baugrube aus. Der Baggerführer bewegt mit verschiedenen Hebeln eine riesige Schaufel. Damit gräbt er Schutt und Kies aus der Grube und lädt alles auf einen Lastwagen. In der fertigen Baugrube beginnen die Bauarbeiter, Betonplatten für den Boden im Keller zu gießen. Stockwerk für Stockwerk wird dann ein Haus gebaut.

das Betonmischfahrzeug

Auf einer Baustelle wird mit Beton gebaut, den das Betonmischfahrzeug bringt. Beton besteht aus Kies, Sand und Zement. Alles wird im Betonmischer mit Wasser vermischt. Die Trommel eines Betonmischers dreht sich, wenn sie in Betrieb ist. So kannst du von außen sehen, ob innen Beton angemischt wird. Es entsteht ein grauer Betonbrei, der in Formen gegossen wird. Wenn die Masse trocknet, wird sie ganz hart. Oft kommen in den Beton noch Stäbe oder Gitter aus Stahl. Dann wird der Beton besonders stabil.

die Planierraupe

Eine Planierraupe ist eine Baumaschine, die Erde und Geröll wegschiebt. Man kann auch Bulldozer oder Schubraupe zu ihr sagen. Sie hat vorne ein großes Schild, mit dem sie Erde schieben kann. Eine Planierraupe fährt meist auf Ketten. Damit kann sie sich auf matschigem und nassem Boden besser fortbewegen, denn sie sinkt nicht ein. Es gibt aber auch Planierraupen mit Rädern. Diese werden meist auf befestigten Straßen eingesetzt. Eine Planierraupe dient auch dazu, den Boden unter der Kette zu verdichten und gerade zu machen.

der Kran

Die meisten Kräne sind sehr hoch, deshalb nennt man diese auch Turmkräne. Mit dem langen Arm heben sie schwere Lasten, wie Stahlbalken oder Steinplatten. Sie helfen den Bauarbeitern, indem sie ihnen das Material direkt an den gewünschten Ort heben. Damit der Kran nicht umkippt, hängt auf der anderen Seite des Arms ein Gegengewicht aus Beton. Gelenkt wird der Kran oft aus einer Kabine am Turm des Krans. Es gibt aber auch Kräne, die mit einer Fernsteuerung gesteuert werden.

Auf dem Bauernhof

der Traktor

Einen Traktor gibt es auf jedem Bauernhof. Wegen seines starken Motors kann man ihn fast überall einsetzen: So zieht er den Pflug übers Feld oder einen Anhänger mit Stroh über die Straßen. Mit dem Traktormotor können auch andere Geräte angetrieben werden: zum Beispiel ein Heuwender oder eine Ballenpresse. Die großen Reifen sorgen dafür, dass das schwere Fahrzeug auch auf lehmigem Boden nicht einsinkt.

der Pflug

Mit einem Pflug lockert der Bauer den Boden auf, bevor der Acker wieder bepflanzt wird. Der Pflug wird an den Traktor gehängt, der ihn über das Feld zieht.
In ärmeren Ländern wird der Pflug immer noch von einem Ochsen oder einem Pferd über das Feld gezogen. Das dauert länger als mit dem Traktor und ist für das Tier sehr anstrengend.

der Mähdrescher

Wenn das Getreide und andere Feldfrüchte reif sind, müssen sie geerntet werden. Der Mähdrescher nimmt dem Bauern dann viel Arbeit ab, denn er macht fast alles automatisch: Vorne am Fahrzeug befindet sich eine große Trommel, mit der das Korn gebogen wird. Im Inneren der Maschine werden die Halme abgeschnitten und die Körner von den Halmen getrennt. Im Korntank sammelt man die Körner. Die Halme fallen hinten aus dem Mähdrescher wieder heraus.

der Milchwagen

Bauernhöfe verkaufen die Milch ihrer Kühe meist an eine Molkerei. Hier wird die Milch zu Joghurt, Quark oder Käse weiterverarbeitet. Ein Milchwagen holt die frische Milch beim Bauernhof ab. Durch einen Schlauch wird die Milch in das Innere des Wagens gepumpt. Darin wird sie die ganze Fahrt über gekühlt, damit sie frisch bleibt und nicht sauer wird.

das Silo

Manchmal sieht man in der Nähe von Bauernhöfen runde Türme stehen. Diese Türme nennt man auch Silos. In ihrem Inneren lagert meist Futter für die Bauernhoftiere. Aber auch Getreide kann darin aufbewahrt werden. In einem Silo herrscht immer die gleiche Temperatur und das Futter bleibt darin trocken. Von oben füllen Bäuerin und Bauer neues Futter nach. Von unten entnehmen sie Futter, wenn sie es brauchen. Sie füllen das Futter dann direkt in einen Anhänger und fahren es zu den Tieren in den Stall.

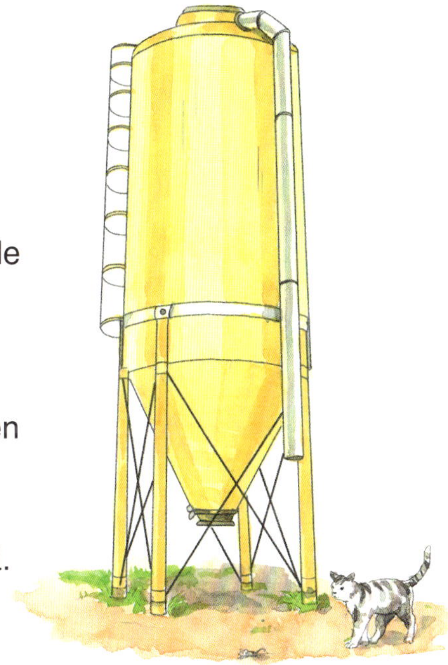

die Melkmaschine

Milchbauern besitzen viele Kühe, die mehrmals am Tag gemolken werden müssen. Alle Tiere mit der Hand zu melken, würde sehr, sehr lange dauern. Deshalb hilft eine Melkmaschine bei der Arbeit: Kleine mechanische Melkbecher werden an die Zitzen des Euters gehängt. Auf Knopfdruck melkt die Maschine. Die gewonnene Milch wird über Schläuche in großen Kühlbehältern gesammelt. Darin wird sie gelagert, bis der Milchwagen sie abholen kommt.

Am Flughafen

das Flugzeug

Obwohl ein Flugzeug sehr schwer ist, kann es fliegen. Denn die Flügel sind so gebogen, dass das Flugzeug bei hoher Geschwindigkeit von der Luft hochgehoben wird. Die Geschwindigkeit erzeugen die Maschinen über die Turbinen an den Flügeln. Es gibt verschiedene Flugzeugtypen. Passagierflugzeuge transportieren Menschen. Flieger, die Waren oder Fracht geladen haben, nennt man Frachtflugzeuge.

die Pilotin/der Pilot

Das Flugzeug wird von einem Kapitän und einem Co-Piloten gesteuert. Die beiden sitzen ganz vorne im Flugzeug im sogenannten Cockpit. Mithilfe von Computern starten und landen sie das Flugzeug und leiten es während des Fluges. Durch ihr Radar und die Landkarten wissen sie immer genau, wo sich das Flugzeug gerade befindet.

der Kontrollturm

Jeder Flughafen hat mindestens einen Kontrollturm, den Tower. Hier oben arbeiten Fluglotsen, die den Verkehr überwachen. Über Computerbildschirme beobachten sie den Flughafen und den Himmel. Sie bestimmen, wann ein Flugzeug starten und wo es landen darf. So sorgen sie dafür, dass keine Flugzeuge zusammenstoßen.

das Segelflugzeug

Ein Segelflugzeug besitzt keinen Motor. Es segelt durch die Luft – fast wie ein Vogel! Starten kann ein Segelflugzeug auf verschiedene Weise: Ein kleines Sportflugzeug zieht das Segelflugzeug an einem Seil nach oben in die Luft oder es wird vom Boden aus hochgezogen – wie ein Winddrachen! Ein Segelflugzeug kannst du leicht an den sehr langen Flügeln erkennen.

der Hubschrauber

Hubschrauber nennt man auch Helikopter. Anders als ein Flugzeug hat er einen Rotor auf dem Dach. Das sind die Drehflügel, die aussehen wie lange Latten. Der Rotor dreht sich sehr schnell. Mit seiner Hilfe kann ein Hubschrauber aus dem Stand senkrecht nach oben starten, rückwärts fliegen oder sogar in der Luft stehen bleiben.

der Tankwagen

Auch Flugzeuge brauchen zum Fliegen einen vollen Tank. Da sie für eine Tankstelle aber zu groß sind, kommt ein Tankwagen direkt zu ihnen aufs Rollfeld gefahren. In seinem Inneren befindet sich genug Treibstoff, um ein großes Flugzeug zu betanken. Dazu wird ein Schlauch an den Flieger angeschlossen, durch den der Treibstoff, das Kerosin, in den Flugzeugtank gepumpt wird.

Am Bahnhof

Hurra, heute kommt Oma uns besuchen! Nach der Schule holen wir sie am Bahnhof ab. Willst du mitkommen, Zeki? Dann können wir uns gemeinsam die Züge anschauen!

der Güterzug

Ein Güterzug hat Güter und Waren geladen. Das können zum Beispiel Autos, Kohle, Flüssigkeiten oder auch Holz sein. Er kann eine Menge Waggons auf einmal ziehen und viele Hundert Meter lang sein. Meist werden die Züge in speziellen Rangierbahnhöfen in einzelne Waggons zerlegt. Danach werden die Container mit den Waren auf Lastwagen verladen und an ihren endgültigen Bestimmungsort gebracht.

der Personenzug

Eine Eisenbahn oder ein Personenzug fährt auf Schienen. Die Eisenbahnwaggons werden von einer Lokomotive gezogen. In den Waggons sind viele Sitzplätze für die Fahrgäste. Manche Züge haben auch ein eigenes Bordrestaurant und Toiletten für die Reisenden! Der schnellste Zug in Deutschland ist der ICE. Er kann über 300 Kilometer in der Stunde fahren.

die Schiene

Eine Eisenbahn fährt auf Eisenschienen. Die vielen kleinen Räder eines Zugs passen genau auf die Schienen. Alle Bahnhöfe sind über ein Netz von Schienen miteinander verbunden. Die Schienen sind mit großen Schrauben auf Schwellen aus Holz oder Beton befestigt. Dazu sagt man auch Gleis. An einer Weiche verzweigt sich ein Gleis in zwei Richtungen.

die S-Bahn

S-Bahn ist die Abkürzung für Schnellbahn oder auch Stadtschnellbahn. Genau wie der Zug fährt sie auf Schienen. Die S-Bahn verbindet meist mehrere nah beieinander gelegene Städte miteinander oder fährt vom einen Ende der Stadt zum anderen.
Mit der S-Bahn kommt man häufig schneller ans Ziel als mit der Straßenbahn oder dem Bus, denn ihre Haltestellen liegen weiter auseinander. Sie befinden sich meist in einem Bahnhof.

der Lokomotivführer/die Lokomotivführerin

Lokführerer und Lokführerinnen sitzen vorne in der Lokomotive und fahren den Zug. Sie müssen alle Eisenbahnsignale kennen, damit sie die Fahrgäste sicher ans Ziel bringen. In jedem Zug ist immer auch ein Schaffner oder eine Schaffnerin mit an Bord. Sie kümmern sich um die Fahrgäste, kontrollieren die Fahrkarten und sprechen die Ansagen im Zug.

der Bahnsteig

Der Bahnsteig in einem Bahnhof liegt zwischen zwei Gleisen. Auf welchem Bahnsteig und um wie viel Uhr ein Zug einläuft, steht auf den Fahrplänen. Diese sind überall im Bahnhof zu finden. Vom Bahnsteig aus kannst du in den Zug einsteigen. Auf einer Anzeige steht, wann der Zug abfährt, ob er Verspätung hat und an welcher Stelle die einzelnen Zugwaggons halten.
Auf dem Bahnsteig stehen außerdem Fahrkartenautomaten, an denen Reisende sich eine Fahrkarte kaufen können.

Rund um den Hafen

das Frachtschiff

Ein Frachtschiff setzt man zum Transport von Waren und Gütern ein. Containerschiffe kannst du schon von Weitem an den farbigen Containern an Deck erkennen. In den Containern können die unterschiedlichsten Dinge sein: Bücher, Obst oder auch Fernseher. Zu den Frachtschiffen zählen auch Tankerschiffe, die in ihrem Schiffsbauch riesige Tanks für den Transport von Öl oder anderen Flüssigkeiten beherbergen.

der Fischkutter

Fischer fahren mit ihren Booten meistens ganz früh am Morgen aufs Meer hinaus, um dort zu fischen. Fische fangen sie mit großen Netzen. Hummer und Krebse fängt man in Reusen. Das sind Körbe, die an langen Seilen ins Wasser gelassen werden.

das Passagierschiff

Ein Passagierschiff kann viele Menschen auf einmal transportieren. Für längere Reisen gibt es Kreuzfahrtschiffe. Hier sind die Passagiere in Kabinen untergebracht, in denen sie schlafen können – wie in einem Hotelzimmer! An Bord gibt es oft Kinos, Schwimmbäder oder Fitnessräume, in denen sich die Reisenden während der Überfahrt die Zeit vertreiben. Eine große Küche mit vielen Köchen versorgt sie mit Speisen und Getränken.

die Autofähre

Wenn man einen Fluss, einen See oder ein Meer überqueren möchte, fährt man oft mit einer Fähre. Auf dieses große Schiff können die Fahrgäste ihre Autos mitnehmen. Vom Land fahren die Autos über eine Rampe in den Schiffsbauch. Eine Fähre transportiert auch Lastwagen und manchmal sogar Züge. Die Passagiere gehen während der Überfahrt an Deck. Bei langen Fahrten schlafen sie in Kajüten.

das Segelschiff

Ein Segelschiff nutzt die Kraft des Windes, um vorwärtszukommen. Es hat große Segel, gegen die der Wind bläst und es vorantreibt. Bei starkem Sturm müssen die Segel eingeholt werden, da das Boot sonst beschädigt wird oder sogar umkippen kann. Früher fuhren die meisten Schiffe nur mit Segeln. Heute haben fast alle auch einen Motor. Im Notfall oder wenn wirklich mal kein Wind wehen sollte, kann dieser angeworfen werden.

Die Raumfahrt

So sieht eine Raumstation aus! Wenn ich groß bin, werde ich Astronautin. Dann fliege ich mit einem Spaceshuttle ins Weltall und erkunde fremde Planeten.

der Spaceshuttle

Mit einem Spaceshuttle können Astronauten ins Weltall fliegen. Man nennt dieses Fluggerät auch Raumfähre. Das Spaceshuttle hat einen Essraum und einen Schlafraum. Mit Raketen wird es ins All geschossen. Sobald es im All ist, fallen die Raketen ab und der Spaceshuttle fliegt alleine weiter.

die Rakete

Eine Rakete ist ein Flugkörper, der mit Raketenantrieb ins All geschossen wird. Beim Start gibt es eine große Explosion. Die Kraft der Explosion treibt die Rakete voran. Es gibt auch Mehrstufenraketen mit mehreren Triebwerken, die nacheinander gezündet werden. Da es im Weltall keine Tankstellen gibt, werden leere Triebwerke einfach abgeworfen. So wird die Rakete im Laufe ihrer Reise immer kleiner. Am Schluss kehrt nur die Raumkapsel mit einem Fallschirm auf die Erde zurück.

der Satellit

Im Weltraum fliegen viele Satelliten. Diese Raumflugkörper werden mit Raketen ins Weltall geschossen. Satelliten kreisen um die Erde und beobachten von dort oben zum Beispiel das Wetter. Andere Satelliten übertragen Fernsehprogramme in die ganze Welt oder Nachrichten von einem Handy zum anderen.

die Raumstation

Eine Raumstation ist ein großes Forschungslabor im Weltall. Dort können Astronauten und Wissenschaftler mehrere Monate lang wohnen. Sie testen, welche Pflanzen gut im Weltraum wachsen oder wie ein Mensch im All leben kann. So will man herausfinden, ob irgendwann einmal ein Leben auf einem anderen Planeten möglich ist. Alles, was die Astronauten brauchen, muss mit Raketen zur Station gebracht werden, sogar Trinkwasser und Luft zum Atmen.

der Astronaut/die Astronautin

Astronauten und Astronautinnen sind Weltraumfahrer. Sie werden auch Kosmonauten genannt. Sie fliegen mit einem Spaceshuttle ins All. Wenn sie den Spaceshuttle verlassen, müssen sie einen Raumanzug tragen. In ihm können sie atmen, denn im Weltall gibt es keinen Sauerstoff. Hier herrscht außerdem Schwerelosigkeit. Deshalb schweben sie durch den Raum. Wenn sie zum Beispiel einen Satelliten reparieren, müssen sie an der Raumfähre festgebunden sein. Werkzeuge befestigen die Astronautinnen und Astronauten an ihrem Raumanzug.

das Teleskop

Mit einem Teleskop kann man weit entfernte Objekte und Vorgänge beobachten. Auch ein Fernrohr ist ein Teleskop. Mit ihm kann man die Sterne von der Erde aus genau betrachten. Man muss also gar nicht selbst ins Weltall fliegen, um den Sternen nah zu sein. Mittlerweile sind die Teleskope so ausgereift, dass man damit auch Sterne entdecken kann, die ganz weit von der Erde entfernt sind.

Eine lustige Fahrt

Mama hatte Marie und Ole schon die ganze Woche lang einen ganz besonderen Ausflug versprochen. Und jetzt kann es endlich losgehen. Mama, Marie und Ole holen noch schnell Zeki zu Hause ab. Dann machen die vier sich auf den Weg. Zeki und Marie können es kaum erwarten und laufen schon einmal vor. Ole bleibt mit Mama zurück.

„Tatü! Tata!“ Laut dröhnt die Sirene aus dem Lautsprecher. Das Blaulicht blinkt und Zeki rast mit einem Feuerwehrauto vorbei. Dicht dahinter folgt Marie in ihrem Auto. Sie drückt zwischendrin auf die Hupe und hält das Lenkrad fest in der Hand. Noch einmal schaut sie kurz zu Ole, winkt und blickt dann wieder nach vorne zu Zeki.

Ole steht der Mund offen. Es ist so laut hier! Überall sieht er blinkende Lichter und hört laute Musik! „Ich will auch Auto fahren“, fordert er. „Bald, mein Schatz. Wir müssen nur bis zur Pause warten“, beschwichtigt Mama.

Da! Schon wieder saust Zeki an Ole vorbei. Er winkt Ole zu. Die Sirene heult laut auf und da kommt auch Marie angeflitzt.

„Ich will JETZT fahren!“, empört sich Ole. Mama nimmt ihn auf den Arm, damit er alles besser sehen kann.

Die Musik wird etwas langsamer und leiser. Die Sirenen leuchten noch, aber machen keinen Lärm mehr. „Komm schnell!“, ruft Marie Ole zu. Gerade hat sie wieder eine Runde in ihrem Auto hinter sich. „Hier in meinem Auto ist noch Platz! Du darfst auch die Hupe drücken oder das Lenkrad halten.“ Ole freut sich. Ganz schnell bringt ihn Mama zu Maries Auto. „Aber pass gut auf“, sagt Mama noch, „halt dich gut fest!“

Ole nickt und rückt ein Stück näher an Marie heran. Bei seiner großen Schwester fühlt sich Ole sicher. Er nimmt das Lenkrad in die Hand und dreht es wie wild in alle Richtungen. „Pass auf“, sagt Marie, „wir müssen auf der Straße bleiben.“

„Los geht's! Auf zu einer neuen Runde im Kinderkarussell!“, hört man nun eine Frauenstimme durch den Lautsprecher. Schon ertönt das laute Startsignal. Die unterschiedlichsten Fahrzeuge beginnen sich zu bewegen und drehen eine Runde nach der anderen. Ole strahlt und drückt mindestens dreimal auf die Hupe. Im Vorbeifahren winkt er seiner Mama zu: Autofahren ist eben ein riesengroßer Spaß!

Auf der Erde gibt es so viele verschiedene Tiere! Im Wasser tummeln sich Fische. Vögel fliegen durch die Lüfte. Und überall auf der Erde kriechen, krabbeln und flitzen große und kleine Lebewesen.
Im Zoo kannst du dir Wildtiere aus der ganzen Welt anschauen: Entdeckst du die Giraffen aus Afrika oder die Pinguine aus der Antarktis?

Die Welt der Tiere

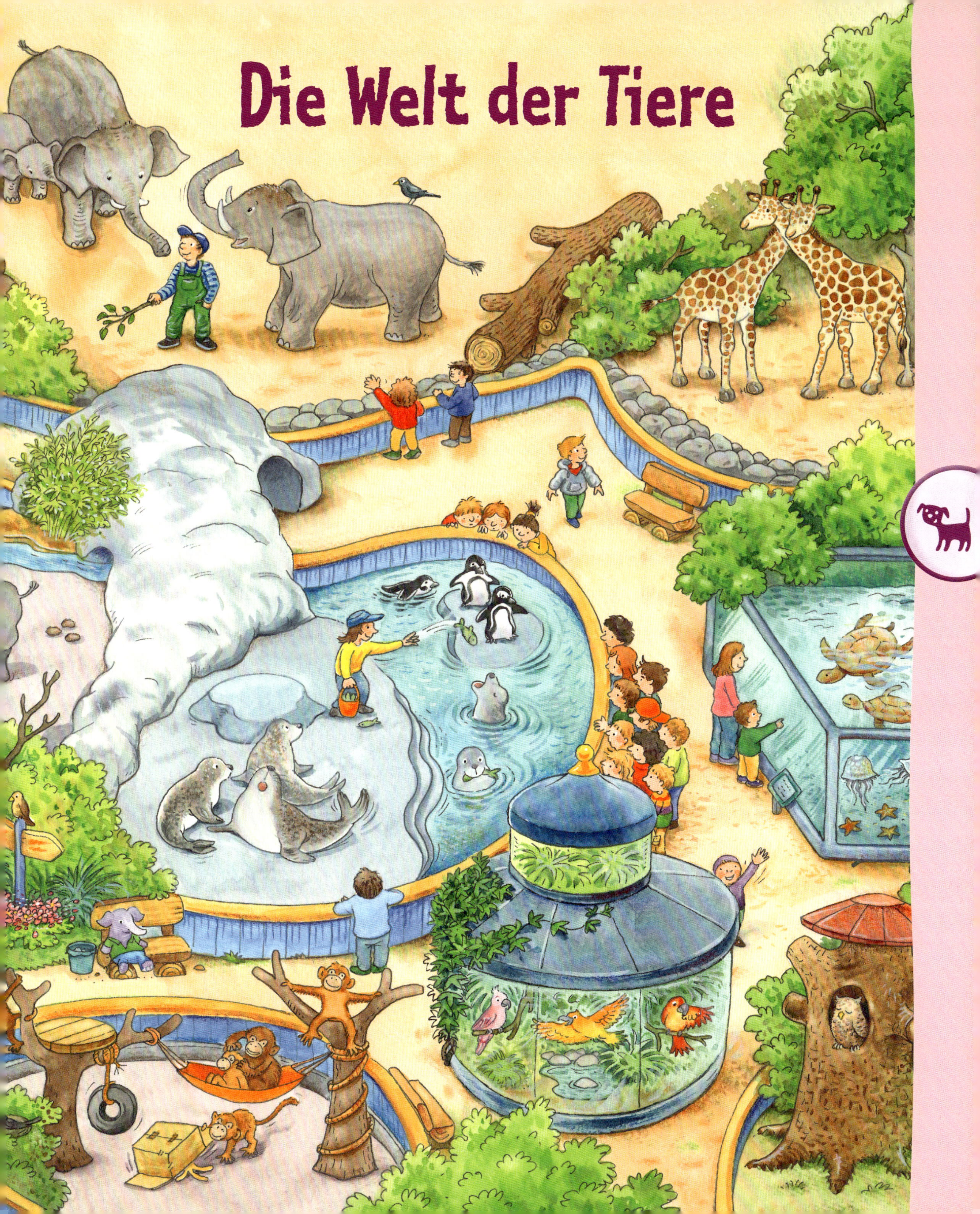

Unsere Haustiere

die Katze

Die Hauskatze ist ein echtes Raubtier – wie der Löwe oder der Tiger! In der Nacht geht sie auf die Jagd nach Mäusen, Vögeln oder anderen kleinen Tieren. Eine Katze kann auch im Dunkeln gut sehen. Wenn sie sich wohlfühlt, fängt sie an zu schnurren. Katzen sind außerdem sehr reinliche Tiere. Sie putzen sich mehrmals täglich. Dabei schlecken sie mit ihrer Zunge über das Fell.

der Hund

Es gibt viele verschiedene Hunderassen, die ganz unterschiedlich aussehen. Trotzdem stammen sie alle vom Wolf ab. Freut sich ein Hund, wedelt er mit dem Schwanz. Knurrt er, ist er meist böse oder ängstlich. Junge Hunde heißen Welpen. Wenn du einen Hund als Haustier bekommst, musst du dich jeden Tag um ihn kümmern: Er braucht gesundes Futter, sorgfältige Pflege, viel Auslauf und eine Menge Zuneigung!

der Hamster

Hamster sind meist nachts aktiv und schlafen tagsüber. Die kleinen Tiere gehören zur Familie der Nager. Das erkennt man gut an ihren vorderen Nagezähnen. Damit Hamster gesund bleiben, brauchen sie immer etwas zu knabbern im Käfig. Ihr Futter verstecken sie oft in ihren Backen als Vorrat. Zusätzlich benötigen sie viel Auslauf.

das Kaninchen

Kaninchen sind mit den Hasen verwandt. Sie sind jedoch kleiner als Hasen und haben kürzere Ohren. In der Natur leben Kaninchen in größeren Gruppen zusammen. Sie graben Gänge in den Boden und bringen unter der Erde ihre Jungen zur Welt. Als Haustier braucht das Kaninchen einen großen Stall oder ein Gehege im Garten. Auf seinem Speiseplan stehen Heu, Gras und Kräuter. Auch Äpfel, Birnen, Möhren und Salat frisst es gerne. Und natürlich braucht es immer genügend frisches Wasser.

das Meerschweinchen

Auch Meerschweinchen sind Nagetiere. Ihren Namen haben sie bekommen, weil sie aus Südamerika über das Meer nach Europa gebracht wurden und weil sie wie Schweine quieken. Mit den Schweinen verwandt sind sie aber nicht. Die Ohren und Beine der Tiere sind kurz. An den vorderen Pfoten haben sie je vier Finger, an den hinteren je drei Zehen. Außerdem haben sie einen Stummelschwanz. Je nach Rasse kann das Fell kurz, lang oder gelockt sein. Meerschweinchen sind gesellige Tiere. Deshalb sollten sie immer zu zweit gehalten werden.

der Wellensittich

Wellensittiche sind kleine Papageien. In der Natur leben sie in großen Schwärmen zusammen. Deshalb sollte man mindestens zwei Wellensittiche zusammen als Haustiere halten. Alleine fühlen sie sich einsam. Ihr Gefieder ist grün, blau, weiß oder gelb. Ungefähr genauso groß wie der Wellensittich ist der Kanarienvogel. Er hat ein gelbes Gefieder und kann wunderbar singen. Deshalb nennt man ihn auch den „Sänger im gelben Federkleid“.

Auf dem Bauernhof

Heute Nacht ist auf dem Bauernhof von Bauer Lempke ein Kalb auf die Welt gekommen. Das müssen wir uns unbedingt anschauen. Also nichts wie hin!

das Schwein

Schweine sind sehr saubere Tiere. Sie wälzen sich im Schlamm, um ihre Haut zu reinigen und Ungeziefer loszuwerden. Am ganzen Körper haben sie Haare, die sogenannten Borsten. Ein weibliches Schwein nennt man Sau, ein männliches Eber. Eine Sau kann zweimal im Jahr bis zu zwölf Ferkel zur Welt bringen. Schweine liefern uns Fleisch. Aus den Borsten werden Pinsel und Bürsten gemacht.

das Pferd

Als es noch keine Traktoren gab, zogen Pferde den Pflug über die Felder und halfen den Bauern bei der Arbeit. Heute werden Pferde meistens zum Reiten gehalten. Ein junges Pferd heißt Fohlen, ein weibliches Pferd Stute und ein männliches Pferd ist ein Hengst. Kleine Pferde nennt man Pony. Manche Ponyrassen sind kaum größer als ein Schäferhund!

das Huhn

Das männliche Huhn ist der Hahn. Er kräht am Morgen, wenn die Sonne aufgeht. Ein weibliches Huhn heißt Henne. Sie legt Eier. Brütet sie die Eier aus, schlüpfen daraus kleine Küken. Nimmt der Bauer die Eier aus dem Gehege, können sie als Frühstückseier verkauft werden. Ein anderes Geflügel, das auf dem Hof lebt, sind die Gänse. Ihre Federn halten so warm, dass man sie zum Füllen von Kissen und Bettdecken verwendet.

das Schaf

Schafe haben ein dickes, flauschiges Fell. Wenn es im Frühling wärmer wird, werden Schafe geschoren. Anschließend wird das Fell gewaschen und gereinigt und durch Zupfen und Kämmen zu Wolle verarbeitet. Ein junges Schaf nennt man Lamm. Wie Kühe geben auch Schafe Milch, wenn sie ein Junges geboren haben. Aus der Milch wird zum Beispiel Käse gemacht. Schafe fressen am liebsten Gras und Kräuter. Große Schafherden werden mit einem Hütehund auf die Weide getrieben.

das Rind

Es gibt braune, schwarze und weiß gefleckte Rinder. Alle fressen Gras, denn es sind Pflanzenfresser. Eine Kuh hat insgesamt vier Mägen, in denen das Futter in mehreren Schritten verdaut wird. Außerdem sind sie sogenannte Wiederkäuer. Das bedeutet, sie würgen das bereits geschluckte Futter wieder nach oben und zerkauen es ein zweites Mal. Ein weibliches Rind heißt Kuh, wenn es schon einmal ein Kalb zur Welt gebracht hat. In den Eutern der Kühe ist Milch. Früher wurden die Kühe von Hand gemolken. Heute helfen Melkmaschinen den Bauern dabei. Neben der Milch liefern uns Kühe auch Fleisch.

die Ziege

Wie Kühe und Pferde sind auch Ziegen Pflanzenfresser. Ihr Fell ist braun, weiß, grau, schwarz oder gefleckt. Alle Ziegen haben Hörner, sogar die ganz kleinen Zicklein. Den männlichen Ziegenbock erkennt man an seinem Bart. Auch Ziegen können vom Bauern gemolken werden. Die Milch ist sehr fett und man kann daraus zum Beispiel Käse machen.

Im Wald

In meinem Bilderbuch kann ich sehen, wo die Tiere im Wald leben: Oben in den Baumkronen klettern Eichhörnchen und rund um den Stamm krabbeln Insekten. Auf dem Boden läuft der Igel und unter der Erde hat der Fuchs seinen Bau.

das Wildschwein

Wildschweine leben oft in der Nähe von Flüssen oder Seen. Wie die Hausschweine wälzen sie sich gerne im Schlamm, um Ungeziefer auf der Haut loszuwerden. Die männlichen Keiler haben kräftige Stoßzähne. Die weiblichen Schweine nennt man auch Bachen. Die frisch geborenen Jungtiere sind die Frischlinge.

der Hirsch

Hirsche sind die größten Tiere in unseren Wäldern. Sie sind Pflanzenfresser. Jedes Jahr wächst dem männlichen Hirschbock ein neues Geweih und das alte fällt ab. Mit lauten Balzrufen ruft er nach einem Weibchen, der Hirschkuh. Man nennt dieses Rufen auch Röhren. Das Junge wird Hirschkitz genannt. Rehe sind zwar mit den Hirschen verwandt, aber viel kleiner.

das Eichhörnchen

Ein Eichhörnchen kann gut klettern und weite Sprünge von Baum zu Baum machen. Es hat einen buschigen Schwanz, mit dem es beim Springen lenkt. Mit den Krallen an seinen Pfoten hält sich das Eichhörnchen an Baumrinden fest. Für den Winter sammelt es einen Vorrat an Nüssen. Die Nüsse hält es beim Fressen in den Händen und knabbert die harte Schale mit den Vorderzähnen auf.

die Eule

Tagsüber schlafen Eulen oben in den Bäumen. Nachts gehen sie auf die Jagd. Sie haben scharfe Augen, mit denen sie im Dunkeln hervorragend sehen können. Außerdem hören sie sehr gut. So können sie ihre Beute leicht finden. Da sie sehr weiche Federn haben, hört man sie beim Fliegen kaum.

der Fuchs

Füchse sind mit unseren Hunden verwandt. Ihr Fell ist rötlich braun. Am liebsten fressen sie kleinere Tiere, aber auch Eier und Beeren stehen auf ihrem Speiseplan. Füchse sind sehr scheue Tiere. Unter der Erde graben sie sich einen Bau oder ziehen in eine alte Dachs- oder Kaninchenhöhle. Die Fuchsmutter bringt dort vier bis sechs Junge auf die Welt. In der ersten Zeit verlassen die kleinen Füchse den Bau nicht. Erst nach etwa einem Monat kommen sie heraus.

der Igel

Der Igel versteckt sich gerne in Hecken, Büschen und Sträuchern. Tagsüber sieht man ihn nur selten. Erst in der Dämmerung macht er sich auf die Futtersuche. Am liebsten frisst er Käfer, Würmer und Insekten. Durch seine Stacheln ist er gut vor Feinden geschützt. Bei Gefahr rollt der Igel sich zu einer stachligen Kugel zusammen, an die sich keiner heranwagt. Wird es kälter, hält der Igel Winterschlaf. Während dieser Zeit schläft er meist.

Rund um den Teich

der Biber

Biber leben in Teichen oder Flüssen. Die Nagetiere sind hervorragend an das Leben im Wasser angepasst: Beim Tauchen können sie Nasen und Ohren verschließen. Ihr Fell schmieren sie mit einer Art Öl ein, damit kein Wasser hindurchdringen kann. Außerdem sind sie gute Schwimmer. Der flache Schwanz, auch Kelle genannt, dient ihnen dabei als Steuer. Mit ihren scharfen Zähnen können die Biber ganze Bäume fällen. Aus dem Holz bauen sie sich eine Biberburg, in der sie ihre Jungen zur Welt bringen. Der Eingang zur Burg liegt unter Wasser.

der Frosch

Mit ihren langen Hinterbeinen können Frösche weit springen. Im Wasser legen sie viele Eier ab, den sogenannten Laich. Daraus schlüpfen dann Kaulquappen. Die Kaulquappen leben im Wasser und entwickeln nach einiger Zeit Beine und Arme. Erst wenn der lange Kaulquappenschwanz abfällt und sie zu kleinen Fröschen herangewachsen sind, hüpfen sie an Land. Frösche verbringen ihr Leben immer in der Nähe des Teiches. Mit ihrer langen Zunge fangen sie Insekten und fressen sie auf.

der Reiher

Reiher finden ihre Nahrung im Teich. Sie stehen oft stundenlang reglos im Wasser, manchmal nur auf einem Bein. Wenn ein Fisch vorbeischwimmt, greifen sie mit ihrem spitzen Schnabel blitzschnell zu. Neben Fischen stehen auch Insekten, Frösche und kleinere Krebstiere auf ihrem Speiseplan.

die Ente

Enten haben Schwimmhäute zwischen den Zehen. Deshalb können sie gut im Wasser paddeln. Damit sie dabei nicht nass werden und frieren, sind ihre Federn eingefettet. So dringt das Wasser nicht hindurch. Oft tauchen Enten auf den Grund des Sees und fressen dort Pflanzen.

die Libelle

Libellen sind wendige Flieger. Wie ein Hubschrauber können sie in der Luft stehen bleiben und sogar rückwärtsfliegen. Sie haben vier Flügel und meistens einen bunt schillernden Körper.

der Fisch

Fische atmen mit Kiemen. Damit filtern sie lebensnotwendigen Sauerstoff aus dem Wasser. An der Luft würden Fische ersticken. Mit ihren Flossen und Schuppen sind sie optimal an ihr Leben unter Wasser angepasst. Im Inneren ihres Körpers besitzen Fische eine Blase, die sogenannte Schwimmblase. Sie ist dafür verantwortlich, dass die Tiere im Wasser schweben können, ohne sich zu bewegen. Du kannst dir diese wie eine Luftblase vorstellen.

Kleine Tiere

der Schmetterling

Ein Schmetterling beginnt sein Leben als Raupe. Die Raupe frisst den ganzen Tag, bis sie sich verpuppt. Nach einiger Zeit schlüpft aus der Puppe dann ein Schmetterling. Seine Flügel haben oft ein buntes Muster. Manchmal dienen die Muster als Tarnung. Dann ist der Schmetterling kaum zu entdecken. Andere Muster sollen abschrecken. Auf den Flügeln des Tagpfauenauges sind zum Beispiel zwei große Augen zu sehen. Damit versucht es seine Feinde zu verscheuchen.

der Käfer

Wie alle Insekten haben Käfer sechs Beine. Außerdem besitzen sie einen festen Hautpanzer und Flügel. Es gibt Hunderte Käferarten auf der Welt. Ein besonderer Käfer ist der Hirschkäfer. Seine Zangen am Kopf sehen aus wie ein Hirschgeweih. Von ihnen hat er auch seinen Namen. Mit den großen Zangen kann er hervorragend Blätter zerkleinern.

die Schnecke

Viele Schnecken tragen ein Schneckenhaus auf ihrem Rücken. Bei Gefahr können sie darin verschwinden. An der Unterseite haben Schnecken eine kleine Öffnung, durch die sie Schleim abgeben. Auf der Schleimspur gleiten sie dann vorwärts. Am Ende der Fühler sitzen ihre Augen. Diese Fühler kann die Schnecke einziehen, um die Augen zu schützen.

die Ameise

Auch Ameisen sind Insekten. Das kannst du daran erkennen, dass sie sechs Beine haben. Ameisen leben in großen Ameisenhaufen zusammen. In so einem Ameisenstaat hat jedes Tier eine bestimmte Aufgabe. Die Ameisenkönigin legt Eier und die Arbeiterinnen pflegen das Nest. Über eine Ameisenstraße transportieren die Tiere Nahrung zum Bau.

die Spinne

Alle Spinnen besitzen acht Beine. Aus ihrem Hinterteil bringen sie Seidenfäden hervor. Daraus weben sie ein klebriges Netz, in dem sich Insekten verfangen. Die Spinnen töten sie durch einen giftigen Biss und fressen sie auf. Für uns Menschen sind die allermeisten Spinnen allerdings ungefährlich.

der Regenwurm

Regenwürmer graben Gänge in die Erde und lockern so den Boden auf. Außerdem fressen sie tote Blätter. Ihr Kot macht die Erde fruchtbar. Da sie bei Regen aus ihren Löchern hervorkommen, heißen sie Regenwürmer. Durch das Zusammenziehen und das Strecken seiner Muskulatur bewegt sich der Regenwurm vorwärts. Er kann sich also klein und dick und auch lang und dünn machen.

Im Meer

Marie und ich planschen riesig gerne! Im Urlaub waren wir auch schon einmal im Meer baden. Da schwammen sogar Fische im Wasser. Die waren aber nur ganz klein.

der Delfin

Oft sieht man Delfine in großen Gruppen durch das Meer schwimmen. Dann springen sie aus dem Wasser und machen sogar Purzelbäume. Wie die Wale gehören die Delfine nicht zu den Fischen, sondern sie sind Säugetiere. Sie müssen immer wieder aus dem Wasser auftauchen, um Luft zu holen. Delfine haben eine eigene Sprache. Sie unterhalten sich mit Pfeiflauten.

die Meeresschildkröte

Im Meer gibt es riesige Schildkröten. Sie haben einen Panzer und Flossen, mit denen sie schnell und wendig durchs Wasser paddeln. Meeresschildkröten legen ihre Eier am Strand ab und vergraben sie im Sand. Dort schlüpfen die kleinen Meeresschildkröten aus. Kurz nach der Geburt krabbeln sie dann ins Wasser zurück.

die Qualle

Quallen bestehen fast nur aus Wasser. Ihr Körper ist glibberig und durchscheinend. Quallen treiben meist an der Wasseroberfläche. Sie besitzen lange, dünne Fangarme. Wenn man diese berührt, sondern sie ein Gift ab. Damit betäubt die Qualle ihre Beute, um sie anschließend zu verspeisen.

der Tintenfisch

Tintenfische ernähren sich unter anderem von Muscheln oder Krebsen. Rund um ihr Maul haben sie lange Fangarme mit Saugnäpfen. Damit können sie ihre Beute fangen und gleich in den Mund stecken. Wenn sie in Gefahr sind, stoßen sie eine Flüssigkeit aus, die wie Tinte aussieht. Die Bewegungen des Angreifers wirbeln die Tinte auf und er sieht nichts mehr. So kann der Tintenfisch schnell entkommen.

das Seepferdchen

Der Kopf eines Seepferdchens sieht ein bisschen wie ein Pferdekopf aus, nur ist er viel kleiner. Daher hat es auch seinen Namen. Seepferdchen gehören zu den Fischen. Mit ihrem Schwanz halten sie sich an Wasserpflanzen fest. Bei den Seepferdchen werden nicht die Weibchen, sondern die Männchen schwanger. Sie bringen die Jungen auf die Welt und kümmern sich um sie.

der Hai

Haie gibt es schon sehr lange. Sie lebten bereits vor den Dinosauriern. In den Meeren sind sie gefürchtete Jäger. Doch nur wenige Haie greifen auch Menschen an. Ein Hai kann schnell schwimmen und seine Beute aus großer Entfernung riechen. Seine Zähne sind messerscharf. Bricht ihm mal ein Zahn ab, wächst in wenigen Tagen ein neuer nach. Manche Haigebisse haben bis zu 3000 Zähne.

Im Gebirge

der Adler

Im Gebirge lebt der Steinadler. Mit seinen großen Flügeln segelt er durch die Luft. Er hat scharfe Krallen, einen gebogenen Schnabel und sehr gute Augen. Aus großer Höhe kann er sogar eine kleine Maus auf dem Boden erspähen. Adler sind Greifvögel. Mit ihren scharfen Krallen voran stürzen sie sich aus der Luft auf ihre Beute.

der Bär

Bären gehören zu den größten Raubtieren, die an Land leben. Einige wiegen so viel wie ein kleines Auto. Bären jagen andere Tiere. Sie fressen aber auch Wurzeln, Früchte und sogar Honig. Auch wenn sie schwerfällig aussehen, können sie schnell rennen und schwimmen. Zudem sind Bären gute Kletterer. In kalten Gegenden ziehen sich Bären im Winter in ihre Höhlen zurück und ruhen.

der Wolf

Wölfe sind nah mit den Hunden verwandt und sehr scheu. Meist leben Wölfe in großen Gruppen zusammen. Gemeinsam gehen sie auf Beutefang: Sie jagen Hasen oder Rehe, aber auch Tiere, die viel größer sind als sie selbst, zum Beispiel Hirsche. Zur Geburt ihrer Jungen zieht sich die Wölfin in eine Höhle zurück. Dort sind sie und ihre Welpen vor Feinden geschützt. Erst wenn die Jungen etwa drei Wochen alt sind, verlassen sie das erste Mal die Höhle.

Im Eis

der Pinguin

Pinguine sind Vögel, sie können allerdings nicht fliegen. Dafür sind sie flinke Schwimmer. Ihre Flügel benutzen sie zum Rudern im Wasser. Im Winter legt das Weibchen ein Ei. Das Männchen brütet es dann in einer warmen Felltasche auf seinen Füßen aus. Damit es den Pinguinen nicht zu kalt wird, stehen sie oft nah beieinander, um sich zu wärmen. Nach einer Weile wechseln die Pinguine, die ganz außen stehen, in die Mitte. So trotzt jeder einmal der Kälte.

die Robbe

Robben halten sich meistens im Wasser auf. Sie sind wendige Schwimmer und Taucher. Eine dicke Fettschicht sorgt dafür, dass sie im kalten Wasser und auf dem Eis nicht frieren. Ihre Jungen bringen die Robben an Land zur Welt. Doch schon kurz nach der Geburt hüpfen auch die Kleinen ins Wasser und beginnen zu schwimmen.

der Wal

Auch wenn man oftmals den Begriff „Walfisch“ hört, sind Wale keine Fische. Genau wie der Delfin sind sie Säugetiere. Daher müssen sie regelmäßig aus dem Wasser auftauchen, um zu atmen. Dabei pusten sie Luft aus einem Loch oben auf dem Kopf.
Wale gehören zu den größten Tieren auf unserer Erde. Wenn sie schlafen, liegen sie ganz ruhig im Wasser und scheinen zu schweben.

In Steppe und Savanne

der Löwe

Das größte Raubtier der Savanne ist der Löwe. Daher wird er auch als König der Tiere bezeichnet. Er lebt in einer Gruppe mit mehreren Löwen zusammen. Die Weibchen gehen auf die Jagd und kümmern sich um die Jungen. Nur die männlichen Löwen haben eine Mähne. Löwen sind mit unseren Hauskatzen verwandt. Das kann man am Gang und auch am Putzverhalten erkennen.

der Gepard

Das schnellste Tier an Land ist der Gepard. Auf der Jagd kann er eine kurze Zeit lang bis zu 120 km/h schnell rennen – das ist so schnell, wie ein kleines Auto fährt. Das gelingt ihm, weil er sehr lange Beine und einen schmalen Körper mit einem langen Schwanz hat. Sein Fell ist gelbbraun mit schwarzen Punkten. Geparden jagen am Tag. So treffen sie nicht auf die Löwen, die nachts auf die Jagd gehen.

das Flusspferd

Flusspferde verbringen fast den ganzen Tag im Wasser. So schützen sie ihre Haut vor der Sonne. Damit kein Wasser in die Nase oder die Ohren läuft, können Flusspferde sie verschließen. Da sie schlechte Schwimmer sind, laufen sie meist über den Grund des Sees. Obwohl Flusspferde sehr schwer sind, können sie an Land schnell rennen.

die Giraffe

Giraffen sind so groß, dass sie bequem ins zweite Stockwerk eines Hauses sehen könnten. Mit ihrem langen Hals kommen sie auch an die Blätter hoch oben in den Bäumen. Die Giraffe ist ein Säugetier und ihr Hals hat genau sieben Halswirbel. Das sind genau so viele wie bei einer Maus. Allerdings sind die Wirbel der Giraffe viel größer. Beim Trinken macht ihr die Größe allerdings Schwierigkeiten. Um eine Wasserstelle am Boden zu erreichen, spreizt sie ganz weit die Beine. Dann muss sie sich vor Raubtieren in Acht nehmen, weil sie nicht mehr schnell davonlaufen kann.

der Elefant

Die Elefanten gehören zu den größten Tieren, die an Land leben. Sie haben Stoßzähne und große Ohren. Anstelle einer Nase haben sie einen langen Rüssel. Mit ihm können sie nach Grasbüscheln greifen oder einen Ast abbrechen. Außerdem saugen sie mit dem Rüssel Wasser ein und spritzen es sich dann ins Maul oder als Erfrischung auf den Rücken.

das Zebra

Zebras sind Verwandte der Pferde. Sie leben in großen Herden. Ihr Fell ist weiß mit schwarzen Streifen und dient den Tieren als Tarnung. Durch das unregelmäßige Muster können andere Tiere die Zebras in der Savanne nicht so gut sehen, da die Umrisse verschwimmen. Jedes Zebra hat sein ganz eigenes Streifenmuster. Daran können sich die Tiere unterscheiden.

In der Wüste

der Skorpion

Skorpione sind nicht sehr groß und dennoch für andere Tiere gefährlich. An ihrem Schwanz haben sie einen giftigen Stachel, mit dem sie blitzschnell zustechen können. Neugeborene Skorpione sitzen oft auf dem Rücken der Mutter und lassen sich herumtragen.

das Kamel

Kamele sind wahre Überlebenskünstler. Sie können zwei Wochen lang ohne Wasser auskommen. In ihren Höckern speichern sie Fett, das sie als Nahrung nutzen. Ihre Füße sind so breit, dass sie im lockeren Sand der Wüste nicht einsinken. Das erleichtert ihnen das Laufen. Und an ihren Augen haben sie lange Wimpern, die verhindern, dass Sand in die Augen gelangt. Ihr Maul ist innen wie aus Leder. So können sie sogar stachelige Pflanzen fressen.

die Eidechse

Eidechsen gibt es in vielen Regionen der Erde. Es sind sogenannte Kaltblüter. Das bedeutet, dass ihre Körpertemperatur sich der Umgebung anpasst. Deshalb halten sich Eidechsen auch am liebsten an sonnigen Orten auf. Je wärmer es ist, desto lebhafter werden sie. Wenn sie angegriffen werden, werfen sie ihren Schwanz ab. So lenken sie den Angreifer ab und können schnell davonlaufen. Der Schwanz wächst ihnen später wieder nach.

Im Dschungel

der Affe

Durch die Bäume des Dschungels schwingen sich die Affen geschickt von Baum zu Baum. Menschenaffen haben wie wir einen Daumen an der Hand. Mit diesem können sie sich beim Schwingen besonders gut festklammern. Andere Affen haben einen langen Schwanz, mit dem sie sich beim Klettern festhalten.

die Schlange

Obwohl Schlangen keine Beine haben, können sie sich blitzschnell bewegen. Sie schlängeln sich in Kurven über den Boden oder an Bäumen hoch. Dort liegen sie dann auf der Lauer und warten auf ihre Beute. Schlangen können ihr Maul weit aufreißen und sogar große Tiere verschlingen.

das Krokodil

Oft sieht man nur die Augen und die Nasenlöcher des Krokodils, wenn es im Wasser treibt und anderen Tieren auflauert. Kommt ihm ein Tier zu nah, kann das Krokodil blitzschnell zupacken. Krokodile haben eine feste Haut aus Hornschildern. Ihre Eier vergraben die Tiere an Land. Bei manchen Arten bewacht das Krokodil sein Gelege und hilft dann den geschlüpften Jungen ins Wasser.

Bedrohte Tierarten

Hinter unserem Haus leben viele Kaninchen. Manchmal füttere ich sie mit frischem Gemüse. Vielen anderen Wildtieren geht es aber nicht so gut: Sie sind vom Aussterben bedroht und es gibt nur noch ganz wenige von ihnen.

der Orang-Utan

Orang-Utans sind Menschenaffen. Sie haben ein rotbraunes, zotteliges Fell. Ihr Name bedeutet „Waldmensch". Orang-Utans leben fast nur auf Bäumen. Hoch oben in den Baumkronen bauen sie ihr Nest, in dem sie schlafen. Orang-Utans können sehr gut klettern. Mit ihren langen Armen und Beinen schwingen sie sich von Ast zu Ast.

die Fledermaus

Fledermäuse sind nachtaktive Tiere. Erst in der Dämmerung werden sie munter und gehen auf die Jagd. Sie fressen Mücken, Schnaken und auch Nachtfalter. Fledermäuse geben besonders hohe Töne von sich, mit denen sie sich in der Dunkelheit orientieren. Der Mensch kann diese nicht hören. Die Töne prallen an Gegenständen ab und die Fledermaus weiß dann, dass dort ein Hindernis ist.

der Tiger

Die größte Raubkatze ist der Tiger. Er hat spitze Zähne und scharfe Krallen. Am Tag sieht man ihn kaum. Nachts macht er sich auf die Jagd nach Hirschen, Wildschweinen und Antilopen. Mit seinem gestreiften Fell ist der Tiger im Dickicht gut getarnt und kaum zu sehen. Wegen seines prächtigen Fells wurde er jedoch von den Menschen gejagt, sodass es heute kaum noch Tiger in der freien Natur gibt.

der Große Panda

Der Große Panda wird oft auch als Pandabär bezeichnet. In freier Wildbahn kommt er nur in einer kleinen Region von China vor. Nirgendwo sonst gibt es frei lebende Pandas. Er ist ein Feinschmecker, denn er frisst ausschließlich die jungen Stämme von Bambuspflanzen. Ein Pandababy ist kaum größer als eine Maus, wenn es auf die Welt kommt.

das Nashorn

Nashörner leben als Einzelgänger und sind nur selten in einer Gruppe zu sehen. Sie zählen zu den größten Landsäugetieren. Auf ihrer Nase haben die Tiere ein oder zwei Hörner. Damit können sie ihre Feinde angreifen und sich verteidigen. Nashörner fressen Pflanzen. Trotz ihres großen Gewichts sind sie schnelle Läufer. Sie sehen schlecht, können aber sehr gut hören und riechen.

der Eisbär

Eisbären leben am Nordpol. Sie jagen Robben, denen sie an den Wasserlöchern auflauern. Eisbären haben ein dickes weißes Fell. Da es sehr ölig ist, können die Tiere das Wasser einfach abschütteln. So werden sie nicht nass und bleiben warm. Bekommt ein Eisbär Junge, kommen diese in einer Höhle zur Welt. Bei der Geburt sind die Kleinen blind, taub und nur so groß wie eine Hand. Schnell werden sie jedoch größer. Nach ein paar Monaten beginnen sie dann selbst mit der Jagd.

Der Popcorn-Dieb

Marie und Ole gehen mit ihren Eltern im Wald spazieren. An einer schönen Lichtung machen sie halt. Papa breitet die Picknickdecke aus und alle machen es sich darauf gemütlich. Mama hat zu Hause viele leckere Sachen vorbereitet und dann in einen großen Korb gepackt. Jetzt legt sie alles auf die Decke.

Auf der Picknickdecke stehen leckere Würstchen, geschmierte Brote und eine Schüssel Kartoffelsalat. Alle greifen zu und lassen es sich schmecken. Ole ist mit seinem Brot auf Papas Arm geklettert. Marie hat sich lang auf der Decke ausgestreckt. So ein Ausflug mit Picknick ist großartig, da sind sich alle einig.

Da greift Mama noch einmal in den Korb. „Zur Feier des Tages habe ich uns etwas ganz Besonderes mitgebracht: Popcorn!“, verkündet sie. „Oh lecker“, freut sich Marie, „mein Lieblingsessen!“

Doch was ist das? Marie und Mama gucken verblüfft in den Korb. Die Schachtel ist ja fast leer!

Marie und Ole sind empört. Wer hat das Popcorn geklaut? Sie schauen sich um. Niemand ist zu sehen. „Da hinten liegt was auf der Wiese!“, ruft Ole und läuft ein Stück in den Wald hinein.

Es ist ein Stück Popcorn. Und dahinter liegt noch eines! „Das schauen wir uns mal genauer an“, ruft Marie aufgeregt und folgt der Popcorn-Spur. Schon findet sie das nächste Stück und unter dem Baum liegt ein weiteres. Doch dann endet die Spur. Wo kann der Popcorn-Dieb nur hin sein? Fliegen kann er doch bestimmt nicht.

Da macht es auf einmal „plopp“ und Ole fällt ein Popcorn-Stück genau auf den Kopf.

Alle schauen überrascht nach oben. Über ihnen sitzt ein Eichhörnchen auf einem Ast und hält drei Stücke Popcorn in den Pfoten! „Mama, dein Popcorn ist so lecker, das schmeckt sogar Eichhörnchen“, sagt Marie.

Fast überall auf der Erde wachsen Pflanzen. Manche haben bunte Blüten. Andere tragen leckeres Obst an ihren Zweigen. Im Laufe der Jahreszeiten verändern sich die Pflanzen: Sie blühen, tragen Früchte und verwelken. Im Garten kannst du das Wachsen und Gedeihen der Pflanzen prima beobachten! Erkennst du, was die Kinder im Garten ernten?

Die Pflanzen

Pflanzen und Pilze

die Pflanzen

Pflanzen gibt es fast überall. Sogar in extrem heißen oder kalten Regionen der Erde wachsen Pflanzen. Sie haben sich im Laufe von vielen Tausend Jahren an die unterschiedlichen Bedingungen angepasst. Pflanzen sind für uns sehr wichtig: Sie dienen als Nahrung und stellen Sauerstoff her, den Menschen und Tiere zum Leben brauchen.

das Wachstum

Pflanzen wachsen ihr Leben lang. Manche verändern sich nur ganz wenig. An anderen Pflanzen, wie etwa dem Laubbaum, kann man dagegen große Veränderungen beobachten: Im Frühjahr kann man kleine Knospen an den Ästen erkennen. Aus diesen entwickeln sich Blätter und Blüten. Aus den Blüten werden im Sommer Früchte. Die Baumkrone trägt jetzt dichte Blätter. Im Herbst fallen die Früchte ab und die Blätter beginnen, sich rot und gelb zu färben. Im Winter ist der Baum kahl und wartet aufs nächste Frühjahr, um wieder Blätter und Blüten zu entwickeln.

die Pilze

Viele Pilze wachsen im Wald zwischen Laub oder an Bäumen. Sie haben einen Stiel und einen Hut. Manche Pilze schmecken sehr gut, andere sind giftig. Daher darf man nicht jeden Pilz sammeln und essen. Pilze sind weder Tiere noch Pflanzen. Sie bilden eine eigene Gruppe.

der Baum

Bäume gehören zu den größten Pflanzen. Sie haben einen dicken Stamm aus Holz und dünnere Äste und Zweige. An manchen Bäumen wachsen Blätter. Man nennt sie Laubbäume.
Im Herbst färben sich die Blätter gelb und rot und fallen zu Boden. Nadelbäume wie die Tanne oder die Fichte haben statt Blättern dünne Nadeln, die auch im Winter an den Ästen bleiben.

die Wurzel

Wie die meisten Pflanzen haben Bäume Wurzeln.
Die Wurzeln halten die riesigen Bäume ganz fest in der Erde und schützen sie so vor dem Umfallen. Gleichzeitig nehmen die Wurzeln Wasser auf, das die Pflanze zum Wachsen braucht. Wurzeln können unterschiedlich aussehen: Eine Pfahlwurzel ist dick und reicht tief in die Erde hinein. Andere Wurzeln breiten sich auf einer großen Fläche aus, damit sie möglichst viel Regenwasser einsammeln können.

die Blätter

In den Blättern stellt der Baum aus Sonnenlicht, Wasser und dem Gas Kohlenstoffdioxid Zucker und Sauerstoff her. Dafür zuständig ist der grüne Farbstoff in den Blättern. Das Gleiche passiert auch in den Nadeln der Nadelbäume. Diese sind vor vielen Jahrhunderten aus den Blättern entstanden.

Blühen und Wachsen

die Samen

Aus Samen wachsen neue Pflanzen heran. Gelangt ein Samen in feuchte Erde, platzt er auf und beginnt zu keimen. Aus dem winzig kleinen Keim entsteht dann eine kleine Pflanze. Diese wächst nach oben zur Sonne aus der Erde heraus.

die Blüte

Blumen haben Blüten in ganz verschiedenen Formen und Farben. Obwohl alle Blüten unterschiedlich aussehen, ist der Grundaufbau gleich. Doch je nach Blumenart sind die Blütenblätter anders angeordnet.

die Befruchtung

Die meisten Blüten riechen sehr gut. Ihr Duft lockt Bienen an, die den Zuckersaft aus den Blüten trinken. In der Blüte sind feine Blütenpollen an den Staubgefäßen. Wenn die Biene zum Trinken in die Blüte kriecht, bleiben die Pollen an ihr kleben. Sie fliegt zur nächsten Blüte und streift die Pollen dort ab. Diesen Vorgang nennt man Befruchtung. Jetzt kann aus der Blüte eine Frucht entstehen.

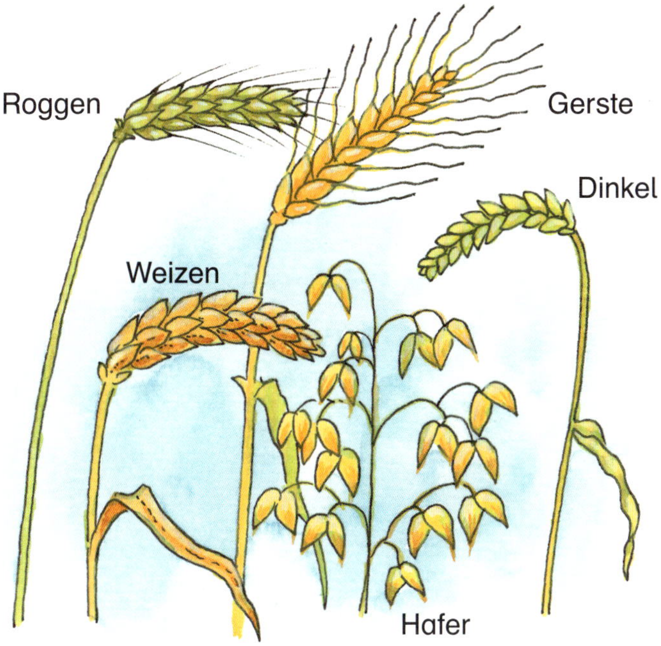

das Getreide

Es gibt viele verschiedene Getreidesorten: Weizen, Roggen, Gerste, Hafer, Dinkel, Mais und auch Reis. Alle Getreidesorten sind mit den Gräsern verwandt. Das kann man schon an ihrem Aussehen erkennen. Oben am Stängel entwickeln sich die Samen. In jedem Samen steckt ein Korn mit vielen wertvollen Nährstoffen.

der Getreideanbau

Bevor die Bauern und Bäuerinnen das Getreide aussäen, lockern sie die Erde mit dem Pflug. Anschließend verteilen sie die Samen auf dem Feld. Das machen sie mit einer Saatmaschine. Meist dauert es etwa sechs Monate, bis man das Getreide ernten kann. Dann fahren sie mit dem Mähdrescher über das Feld und trennen das Korn von den Stängeln. Das geerntete Korn wird an eine Getreidemühle verkauft.

die Getreideprodukte

In vielen unserer Lebensmittel ist Getreide enthalten. Mehl besteht aus gemahlenen Getreidekörnern. Daraus werden zum Beispiel Brot, Brötchen und Kuchen gemacht. Auch in Nudeln ist Getreide, meist Weizen, enthalten. Aus Gerstenkörnern wird Malz gewonnen, das man bei der Bierherstellung verwendet. Getreideflocken kannst du gut im Müsli erkennen. Haferflocken sind nichts weiter als gekochte und platt gewalzte Haferkörner.

Obst und Gemüse

die Früchte

Wird die Blüte eines Baumes oder eines Strauches bestäubt, entwickelt sich daraus eine Frucht. Früchte tragen die Samen für einen neuen Baum oder Strauch in sich. In einem Apfel findest du zum Beispiel kleine Kerne im Kerngehäuse. In einem Pfirsich oder einer Kirsche ist ein Stein, in dem sich der Samen befindet. Eine Nuss ist die Frucht eines Nussbaums.

das heimische Obst

Zum Obst gehören alle Früchte, die wir essen können. Heimisches Obst werden die Früchte genannt, die hier bei uns wachsen. Das sind zum Beispiel Äpfel, Birnen, Kirschen, Erdbeeren, Trauben und Pflaumen. Im Obst sind viele Vitamine enthalten.

das exotische Obst

Bananen, Zitronen und Orangen gehören zu den exotischen Früchten. Sie wachsen nicht bei uns, sondern kommen aus wärmeren Ländern. Damit wir dieses Obst essen können, muss es einen weiten Weg mit dem Schiff oder dem Flugzeug zurücklegen. Manche Exoten haben ausgefallene Namen: Drachenfrucht, Mango oder Physalis zum Beispiel.

der Garten

In einem eigenen Garten kann man die unterschiedlichsten Gemüse- und Obstsorten anbauen. Viel Platz, regelmäßiges Gießen und genügend Sonne lassen die Pflanzen gedeihen. Möchte man ein paar exotische Pflanzen anpflanzen, baut man sich am besten ein Treibhaus. In diesem herrscht eine wärmere Temperatur als im Garten und die Pflanzen sind vor Regen und Hagel geschützt.

das Gemüse

Gemüse ist wie Obst ein sehr gesundes Nahrungsmittel. Es enthält viele Vitamine und Mineralien. Manche Gemüsesorten kann man roh essen, wie Tomaten, Möhren oder Gurken. Andere schmecken gekocht am besten. Es gibt ganz unterschiedliche Gemüsepflanzen. Von manchen essen wir die Wurzeln, wie beim Radieschen oder der Möhre. Beim Spinat essen wir die Blätter und bei der Tomate die Früchte.

der Salat

Salat gehört zum Blattgemüse. Er wird meist roh und mit Soße gegessen. Die unterschiedlichen Salatsorten heißen zum Beispiel Kopfsalat, Eisbergsalat oder Lollo rosso. Die Blätter können glatt oder gekräuselt, grün oder auch mal rot sein. Feldsalat mit seinen kleineren Blättern gehört ebenfalls dazu.

Wer wächst denn da?

Im Kindergarten finden gerade die „grünen Wochen“ statt. Dabei lernen die Kinder viel über Pflanzen, Samen und was sie zum Wachsen alles brauchen. Marie ist sehr stolz: Sie wurde diesmal zur Pflanzenpatin ernannt!

Am Freitag nimmt Marie einen kleinen Topf mit einem eingepflanzten Bohnensamen mit nach Hause. Sie soll die Erde gießen und genau beobachten, was geschieht. Wenn ein Spross – das erste grüne Zeichen der Pflanze – zum Vorschein kommt, muss sie den Kindern am Montag sofort davon berichten.

Marie rennt alle fünf Minuten zu ihrer Pflanze. Vielleicht hat sich ja schon etwas verändert? Mama ist nach einiger Zeit ein bisschen genervt: „So schnell wächst eine Pflanze nicht, Marie. Es reicht, wenn du drei- oder viermal am Tag nach dem Rechten siehst.“ „Aber Mama!“, protestiert Marie, „wenn ich nun was verpasse?“

„Eine Pflanze braucht genügend Licht, Wasser und Erde zum Wachsen. Das alles hat deine Pflanze. Warte nur ab“, erklärt Mama. „Also gut“, gibt Marie nach, „dann gehe ich jetzt mit Ole im Garten ein bisschen spielen.“

Aber wo ist Ole nur? Mama und Marie schauen überall nach. Sie rufen ihn und suchen ihn sogar unter seinem Bett und im Schrank.

„Was macht Ole denn da?“, ruft Papa erstaunt. Er hat ihn im Garten entdeckt. Ole hat sich mit seinen Füßen in die Erde gegraben. In der Hand hält er eine kleine Gießkanne und schüttet sich Wasser auf die Füße. „Ole, hör sofort damit auf!“, befiehlt Mama. „Warum machst du denn so was?“

„Ich will auch ein Stückchen wachsen, genau wie Maries Pflanze“, erklärt Ole. „Licht, Erde und Wasser habe ich ja jetzt.“ „Du Dummkopf!“, ruft Marie lachend. „Das gilt doch nur für Pflanzen. Der Mensch muss essen und trinken, damit er wachsen kann.“

Und genau das machen sie auch. Mama und Marie kochen ein leckeres Mittagessen, während Papa den Matschmann Ole ins Badezimmer trägt.

Im Weltall gibt es Milliarden von Sternen und Planeten. Auch die Erde ist ein Planet. Da auf der Erde viel Wasser vorkommt, können Menschen, Tiere und Pflanzen hier leben. Die Landschaften der Erde sind sehr vielfältig. Deshalb kommen überall ganz unterschiedliche Lebewesen vor: So fühlt sich der Eisbär am kalten Nordpol wohl und die Giraffe ist in der heißen Savanne zu Hause.

Unsere Erde

Die Planeten

Schau mal, die Seifenblasen! Sie sehen aus wie kleine Planeten. Planet bedeutet übrigens „Wanderer“. Denn Planeten wandern immer um die Sonne!

der Planet

Planeten bewegen sich auf einer eigenen Bahn immer um die Sonne herum. Sie sind unterschiedlich weit von der Sonne entfernt. Daher können sie bei ihren Umrundungen nicht zusammenstoßen. Außer der Erde kreisen sieben weitere Planeten um unsere Sonne: Merkur ist ihr am nächsten. Dann kommen Venus, Erde, Mars, Jupiter, Saturn, Uranus und Neptun. Die Erde ist der einzige Planet, auf dem Menschen leben können.

der Stern

Ein Stern ist meist eine glühende Kugel aus Gas. Viele Sterne scheinen so hell, dass wir sie in der Nacht am Himmel sehen. Auch unsere Sonne ist ein Stern. Sie strahlt unsere Erde an. Wie viele Sterne es im Weltall gibt, weiß niemand, denn es sind unzählbar viele.

die Milchstraße

In einer klaren Nacht ohne Wolken kann man am Himmel ein breites weißes Band sehen. Dieses Band nennt man Milchstraße. Sie besteht aus Millionen von Sternen und Planeten. Unsere Sonne, die Erde und alle Planeten aus unserem Sonnensystem gehören zur Milchstraße. So ein riesiges Sternensystem nennt man auch Galaxie.

die Erde

Der Planet Erde wird von der Sonne beschienen. Sie sorgt für ausreichend Licht und Wärme, sodass Menschen, Tiere und Pflanzen auf der Erde leben können. Außerdem umgibt die Erde eine Lufthülle, die wir zum Atmen brauchen. Einmal am Tag dreht sich die Erde um sich selbst. So entstehen Tag und Nacht. Die Erde umrundet außerdem die Sonne. Dafür braucht sie genau ein Jahr.

der Mond

Unser Mond kreist um die Erde. Er ist immer gleich groß, auch wenn er am Nachthimmel manchmal ganz rund und dann wieder sehr schmal aussieht. Der Mond leuchtet nicht selbst. Er wird von unserer Sonne angestrahlt. Steht der Mond ganz rund am Himmel, nennt man das Vollmond. Dann beleuchtet die Sonne die ganze Seite des Mondes. Beleuchtet sie nur einen Teil, ist Halbmond. An Neumond ist der Mond gar nicht am Himmel zu sehen.

die Sternschnuppe

Durch das Weltall fliegen kleine und große Steine. Manchmal rast ein solcher Stein mit hoher Geschwindigkeit direkt auf die Erde zu. Doch auf seinem Weg zur Erde muss er durch ihre Lufthülle hindurch. Diese Hülle schützt die Erde. Sie besteht aus vielen winzigen Luftteilchen. Fliegt der Stein durch die Luftteilchen, wird er ganz heiß und verglüht schließlich. In einer dunklen, wolkenlosen Nacht können wir dann eine leuchtende Spur am Himmel sehen. Das ist eine Sternschnuppe.

Länder und Kontinente

Amerika

Amerika ist ein Doppelkontinent. Er besteht nämlich aus zwei Kontinenten: Nord- und Südamerika. Er ist der zweitgrößte Kontinent auf der Erde. Hier gibt es sehr heiße Gegenden, aber auch sehr kalte. In Südamerika liegen beispielsweise die Länder Brasilien, Argentinien, Peru und Chile. Zu Nordamerika gehören unter anderem die Vereinigten Staaten von Amerika, Mexiko, Kanada und Grönland.

Afrika

Afrika ist der drittgrößte Kontinent. Länder wie Ägypten, Südafrika oder Kenia gehören dazu. Auf dem afrikanischen Kontinent liegen mehrere Wüstengebiete, unter anderem die Sahara. Außerdem finden sich weite Steppenlandschaften, wo sich Giraffen- und Elefantenherden tummeln. Neben trockenen Wüstengebieten gibt es auch eine Regenwaldzone auf dem Kontinent.

Antarktis

Die Landmassen rund um den Südpol werden Antarktis genannt. Der größte Teil der Antarktis ist mit einer dicken Eisschicht bedeckt. Einwohner hat die Antarktis nicht. Nur ein paar Forscher halten sich in den Forschungsstationen auf. Die Arktis rund um den Nordpol besteht dagegen nur aus Eis, unter dem sich kein Land befindet. Daher ist auch nur die Antarktis ein eigener Kontinent.

Europa

Das Land, in dem wir leben, liegt in Europa. Dieser Kontinent ist der zweitkleinste auf der Erde. Zu Europa gehören zum Beispiel Spanien, England, Frankreich und Italien. Insgesamt gibt es etwa 50 europäische Länder. Die Menschen in Europa sprechen keine gemeinsame Sprache. Fast jedes Land hat seine eigene. Europa grenzt an viele Meere: den Atlantischen Ozean, das Mittelmeer und die Nord- und Ostsee.

Asien

Asien ist der größte Kontinent der Erde. Gleichzeitig wohnen hier auch die meisten Menschen der Welt. Zu Asien gehören zum Beispiel Länder wie China und Indien. Insgesamt ist die Fläche viermal so groß wie Europa. Sie wird von drei Meeren eingefasst: dem Indischen, dem Pazifischen und dem Arktischen Ozean. Die meisten Menschen auf diesem Kontinent sprechen Chinesisch.

Australien

Australien ist der kleinste Kontinent der Erde. Nach der Antarktis leben hier am wenigsten Menschen. Zu Australien zählen auch viele der vor dem Kontinent gelagerten Inselstaaten. Außerdem wird Neuseeland dazugerechnet. Statt Australien nennt man den Kontinent auch manchmal Ozeanien. In Australien gibt es eine einzigartige Tierwelt. Frei lebende Kängurus, Koalabären und Schnabeltiere findet man nur hier auf der Erde.

Flüsse und Seen

Marie und ich sind schon einmal mit einem Schiff über einen Fluss geschippert. Aber woher kommt eigentlich das ganze Wasser der Flüsse?

die Quelle

Wenn es regnet, versickert das Regenwasser im Boden. Dort sammelt es sich und sprudelt an einer anderen Stelle wieder hervor. Diesen Ort nennt man Quelle. Häufig liegt diese Quelle hoch oben in den Bergen. Quellwasser ist meistens sehr sauber und kalt. Von der Quelle aus fließt es in einem kleinen Bach den Berg hinunter. Das Wasser sammelt sich und wird mehr. Ein Fluss entsteht.

der Fluss

Wenn einige Bäche zu einem größeren Gewässer zusammenfließen, wird daraus ein Fluss. Ein Fluss fließt sehr schnell einen Berg hinunter oder schlängelt sich in weiten Bögen durch die flache Landschaft. Fließen mehrere Flüsse ineinander, bilden sie einen Strom. Das ist ein sehr langer und breiter Fluss. Jeder Fluss, Bach oder Strom fließt irgendwann in ein Meer.

die Mündung

Die Mündung ist das Ende eines Flusses. Dort fließt er in einen anderen Fluss, einen See oder ins Meer. Ist das Land an der Mündung sehr flach, verzweigt sich der Fluss in mehrere Bäche und wird breiter. Diese Verbreiterung nennt man auch Delta. Das passiert vor allem bei größeren Strömen, die ins Meer fließen.

der Wasserfall

Wenn ein Bach durch ein Gebirge fließt, stürzt er manchmal tief in eine Felsschlucht. So ein Wasserfall kann sehr groß sein und unglaublich laut donnern. Sehr bekannt sind zum Beispiel die Niagarafälle in Nordamerika. Niagara bedeutet in der Sprache der amerikanischen Ureinwohner „donnerndes Wasser“. Die Iguazú-Wasserfälle in Südamerika erstrecken sich über eine Länge von unglaublichen 2,7 Kilometern.

der See

In einem See ist Wasser gestaut. Es befindet sich in einer Mulde oder einem Becken, aus dem es nicht abfließen kann. Im Gebirge sind oft dort Seen entstanden, wo vorher Gletscher waren. Seen gibt es auch in den Kratern von alten Vulkanen oder in Gruben, aus denen Menschen Erde und Kies gegraben haben. Manchmal fließt ein Fluss in den See und an einer anderen Stelle wieder hinaus.

die Wasserpflanzen

Wasser ist nicht nur für Tiere und Menschen wichtig, sondern auch für Pflanzen. Überall dort, wo ein Bach, ein Fluss oder ein See vorkommen, gibt es auch Wasserpflanzen. Sie wachsen auf dem Wasser, im Wasser oder unter Wasser. Vielen Tieren dienen sie als Brutstätte oder Futterquelle. Im Schilf, das an Flussufern steht, nisten zum Beispiel Vögel.

Meere und Ozeane

Mit meinem Schiff überquere ich riesige Ozeane und Meere! Selbst die größten Wellen können mich nicht aufhalten. Ist das dahinten vielleicht die Küste einer unbekannten Insel?

der Ozean

Unsere Erde wird auch Blauer Planet genannt. Da der größte Teil mit Wasser bedeckt ist, sieht sie vom Weltraum aus betrachtet blau aus. Es gibt drei große Weltmeere: den Atlantischen Ozean, den Pazifischen Ozean und den Indischen Ozean. Sie umgeben die Erdteile, unsere Kontinente. Zu den Ozeanen gehören auch viele Meere, wie die Nordsee und das Mittelmeer.

Ebbe und Flut

An der Küste gibt es Ebbe und Flut. Man sagt dazu auch Gezeiten. Bei Ebbe zieht sich das Wasser aufs Meer zurück. Zu sehen ist dann das Watt, der Meeresboden. Das ist meist eine platte Fläche aus nassem Sand. Nach ein paar Stunden setzt dann die Flut ein und das Wasser kommt zurück an die Küste. Dieses Kommen und Gehen wiederholt sich täglich.

die Küste

An der Küste trifft das Meer auf das Land. Manche Küsten sind ganz flach und haben lange Strände. Hier kann man baden gehen und Spaziergänge machen. Andere Küsten bestehen hauptsächlich aus Felsen und Steinen. Dort kommt man nur schwer ans Wasser. An den Küsten kann man Ebbe und Flut meist gut beobachten.

die Welle

Oft sind am Meer viele Wellen zu sehen. Der Wind weit draußen bläst nämlich sehr stark und wühlt das Meer auf. Es bilden sich Wasserhügel und Wassertäler. Auch Steine, die du ins Meer wirfst, oder Boote erzeugen kleine Wellen. Wenn sich die Wellenberge überschlagen, entstehen oben Schaumkronen.
An manchen Küsten gibt es so hohe Wellen, dass man darauf surfen kann. Diese Wellen können schon mal bis zu 25 Meter hoch sein. Dort sollten dann nur noch richtige Profis ins Wasser gehen.

die Muschel

Muscheln sind Tiere, die im Meer und an der Küste leben. Sie haben einen ganz weichen Körper, der von zwei harten Schalen geschützt wird. Die beiden Schalen werden durch einen starken Muskel zusammengehalten. Manche Muscheln haben auch eine Schale, die wie ein Schneckenhaus aussieht. Zum Fressen öffnen sie ihre Schale. Stirbt die Muschel, werden die leeren Schalen oft an den Strand gespült.

die Düne

An manchen Küsten liegen hinter dem Strand Dünen. Das sind Hügel aus Sand, die vom Wind aufgetürmt werden. Auf den meisten Dünen wachsen Gräser und Sträucher, die den Sand festhalten. Bei Wanderdünen jedoch treibt der Wind den Sand immer weiter, sodass sich die Düne verschiebt. Dünen gibt es übrigens nicht nur an der Küste, sondern auch in Wüsten.

Das Gebirge

der Berg

Berge sind hohe Erhebungen aus Gestein. Eine Gruppe von mehreren Bergen nennt man Gebirge. Die Berge auf der Erde sind schon sehr alt. Sie entstanden zum Beispiel durch Vulkanausbrüche. Oder sie wurden über viele Millionen Jahre ganz langsam aus der Erde in die Höhe gedrückt. Viele Berge wachsen auch heute noch, meist aber nur wenige Millimeter im Jahr.

der Gipfel

Die höchste Stelle eines Berges beziehungsweise eines Gebirges nennt man Gipfel. Meist steht auf einem Berggipfel ein Kreuz, das sogenannte Gipfelkreuz. Daran sollen Wanderer den höchsten Punkt des Berges leicht erkennen. Manche Gipfel sind so hoch, dass auf ihrer Spitze das ganze Jahr über Schnee liegt.

das Tal

Ein Tal ist die Einkerbung zwischen zwei Bergen. Viele Täler sind durch Flüsse entstanden. Das Wasser hat im Laufe der Zeit Sand, Steine und kleine Felsbrocken vom Boden abgelöst und mitgenommen. So entstand eine Rinne, die immer tiefer wurde. Es gibt verschiedene Talformen: Manche sehen aus wie ein U, andere wie ein V.

die Höhle

Eine Höhle ist ein Hohlraum, zum Beispiel in einem Berg. Sickert Wasser in das Gestein eines Berges, kann dieses den Stein langsam von innen auflösen. Wenn es in der Höhle oft von der Decke tropft, entstehen mit der Zeit Steinsäulen. Stalaktiten hängen von der Decke herunter, Stalagmiten wachsen vom Boden nach oben. Solche Höhlen nennt man Tropfsteinhöhlen.

das Gestein

Die Berge und Felsen in einem Gebirge sind aus Gestein. Ist das Gestein hart, ist der Berg oben meist spitz und kantig. Gewölbte Berge sind aus weichem Gestein. Gestein besteht aus winzig kleinen Mineralien, die fest zusammenhängen. Manche Gesteinsarten sind ganz hart, andere brechen leicht. Auch Sand ist Gestein, das ganz fein zerbröselt ist.

der Gletscher

Ein Gletscher besteht aus Eis und Schnee. Genau genommen ist er ein Fluss aus Eis. Man sieht es kaum, aber Gletscher bewegen sich ganz langsam nach unten ins Tal. Dabei bricht das Eis an manchen Stellen und es entstehen tiefe Gletscherspalten. Gletscher sind für die Erde sehr wichtig. Das gefrorene Wasser der Gletscher ist der größte Süßwasserspeicher der Welt. Damit enthält er für uns Menschen lebensnotwendiges Trinkwasser.

Bodenschätze und Vulkane

die Metalle

Metalle werden aus Metallerzen hergestellt. Das sind Gesteine, die eine besondere Art von Mineralien beinhalten. Löst man die Mineralien aus dem Gestein, kann man diese zu Metall verarbeiten. Es gibt Erze für Eisen, Titan, Blei, Kupfer und auch Quecksilber.

die Edelsteine

Edelsteine sind seltene wertvolle Steine. Dazu gehören Diamanten, Smaragde und Rubine. Damit sie schön glänzen, werden sie poliert und geschliffen. Diamanten entstehen tief in der Erde aus Kohle. Doch damit aus der Kohle ein Diamant wird, muss diese eine sehr lange Zeit sehr stark zusammengepresst werden. Das geschieht zum Beispiel, wenn viele Tonnen Steine daraufliegen.

das Erdöl

Erdöl ist eine dicke, braune Flüssigkeit. Es ist aus Tieren und Pflanzen entstanden, die in der Urzeit lebten. Man findet es meist durch Bohrungen unter der Erde. Auch unter dem Meeresboden kommt das Öl vor. Erdöl wird zum Beispiel zum Heizen benutzt. Aber auch viele Kunststoffe werden daraus hergestellt.

der Krater

Wenn ein Vulkan ausbricht, wird die Spitze des Berges meist durch eine gewaltige Explosion weggesprengt. Heraus kommen Lava, Rauch und Asche. Ist der Vulkan erloschen, bleibt ein tiefes Loch zurück, das man Krater nennt. In erloschenen Vulkanen bilden sich oft Kraterseen.

die Lava

Lava ist flüssiges Gestein aus dem Erdinneren. Es ist sehr heiß und glüht rot. Im Inneren der Erde herrschen nämlich so hohe Temperaturen, dass selbst Gestein schmilzt. Bei einem Vulkanausbruch wird diese Gesteinsmasse nach oben gedrückt und fließt an den Hängen des Vulkans herunter. Zusammen mit der Lava wird auch eine riesige Wolke aus Asche, Staub und kleinen Steinen in die Luft gepustet. Diese Aschewolke kann den Himmel verdunkeln und sorgt manchmal dafür, dass Flugzeuge nicht fliegen können.

das Erdbeben

Bei einem Erdbeben wackelt der Boden. Oft dauert das nur wenige Sekunden. Die meisten Erdbeben bemerken wir gar nicht, weil sie so schwach sind. Manchmal bebt die Erde jedoch so stark, dass der Boden aufreißt und Häuser und Brücken einstürzen. Erdbeben entstehen tief im Erdinneren. Ausgelöst werden sie durch die Bewegung von hartem Gestein, der Erdkruste. Wenn dann zwei Felsplatten aneinanderreiben oder gegeneinanderstoßen, bebt die Erde.

Das Klima

das Klima

In allen Ländern der Erde gibt es ein spezielles Klima. Das heißt, hier herrschen bestimmte Temperaturen, Niederschläge und Winde. Während sich das Wetter jeden Tag ändert, bleibt das Klima gleich. Im Regenwald regnet es zum Beispiel viel und es ist sehr warm. Hier herrscht ein feuchtwarmes Klima. Wir in Europa haben ein gemäßigtes Klima. Das heißt, hier wird es weder extrem heiß noch extrem kalt. Bei uns kann man Frühling, Sommer, Herbst und Winter gut auseinanderhalten. In anderen Klimazonen unterscheiden sich die Jahreszeiten aber nicht so deutlich voneinander.

der Regenwald

Um die Mitte der Erde herum wachsen in vielen Ländern riesige Regenwälder. In einem Regenwald ist es immer warm und feucht. Meistens regnet es jeden Tag für kurze Zeit. Es gibt sehr hohe Bäume und ganz andere Pflanzen und Tiere als bei uns. Im Regenwald leben auch unzählige unterschiedliche Insekten. Deshalb entdecken Forscher dort immer wieder neue Tierarten.

die Eiskappe

Rund um den Nordpol und den Südpol ist es sehr kalt. Deshalb gibt es dort Landschaften, die nur aus Schnee und Eis bestehen. An diesen Orten können keine Pflanzen wachsen und nur wenige Tiere leben. Auf dem Wasser schwimmen große Eisschollen und riesige Eisberge. Das sind große Eisstücke, die von Gletschern abgebrochen sind. Von einem Eisberg ragt immer nur die Spitze aus dem Wasser. Der größte Teil liegt unter Wasser.

die Steppe und die Savanne

Steppen gibt es an den trockenen, warmen Orten der Erde. Dort wachsen nur wenige Bäume, dornige Büsche und dürres Gras. Wasserstellen sind selten. Die größten Steppen gibt es in Afrika. Sie heißen auch Savannen. Hier leben Zebras, Giraffen und Antilopen friedlich nebeneinander.

die Wüste

In einer Wüste regnet es nur sehr selten. Deshalb ist dort kaum Wasser zu finden. Tagsüber ist es dort sehr heiß. In der Nacht kann es dagegen sehr kalt werden. Nur wenige Tiere und Pflanzen kommen mit den extremen Temperaturen und der Trockenheit zurecht. Überall gibt es nur Sand und Felsen. Starke Stürme wehen manchmal viel Sand an einer Stelle zusammen, dann entstehen Dünen.

Das Wetter

der Regen

In den Wolken am Himmel sammeln sich unzählig viele winzige Wassertröpfchen. Mit der Zeit werden diese immer größer und schwerer. Irgendwann kann die Wolke die Tropfen dann nicht mehr halten: Sie fallen zur Erde und es regnet. Wenn es morgens noch kalt und feucht ist, bildet sich Nebel über den Wiesen oder Feldern. Winzige Wassertröpfchen haben sich dann in der Luft gesammelt. Nebel ist also nichts anderes als eine Wolke am Boden.

die Sonne

Wenn die Sonne auf die Erde scheint, wird es hell und warm. Im Sommer ist die Sonne besonders stark und es kann sehr heiß werden. Die Sonne geht jeden Morgen auf und abends wieder unter. Sie scheint den ganzen Tag, nur sehen wir sie manchmal nicht, weil am Himmel Wolken sind.

der Regenbogen

Wenn es regnet und zugleich die Sonne scheint, kann es einen Regenbogen geben. Dann spiegelt sich die Sonne in den Wassertröpfchen. Ein Regenbogen spannt sich in vielen Farben über den Himmel. Die Streifen sind rot, orange, gelb, grün, blau und lila. Manchmal sieht man nur einen Teil des Bogens. Manchmal entstehen sogar zwei übereinander.

der Wind

Wind ist Luft, die sich bewegt. Am Meer ist es oft besonders windig. Denn wenn die Sonne scheint, erwärmt sich das Land schneller als das Wasser. Die warme Luft steigt über dem Strand nach oben. Dafür strömt kühle Luft vom Meer nach und wir fühlen den Wind. Einen starken Wind nennt man Sturm oder Orkan.

der Schnee

Im Winter gefrieren die Wassertröpfchen in den Wolken und Schnee fällt vom Himmel. Wenn man Schneeflocken aus der Nähe betrachtet, sieht man ihre schönen Muster. Sie haben alle sechs Ecken. Allerdings hat jede Schneeflocke ein ganz eigenes Muster. Wenn es kalt genug ist, bleibt der Schnee am Boden liegen und man kann darauf Schlitten fahren. Ist es ganz besonders kalt, kann aus den zarten Schneeflocken hartes Eis werden. Dann wird es spiegelglatt auf dem Boden.

das Gewitter

Große schwarze Wolken am Himmel kündigen oft ein Gewitter an. Dann zucken grelle Blitze auf und für einen Moment wird alles hell beleuchtet. Kurz darauf ertönt ein gewaltiger Knall: der Donner. Dazu regnet es sehr heftig. Ein Gewitter entsteht, wenn weit oben am Himmel kalte und warme Luft aufeinanderstoßen. Ein Blitz ist elektrisch, so wie der Strom aus der Steckdose, nur viel stärker. Deshalb sollte man bei einem Gewitter in einem Haus oder Auto Schutz suchen.

Die Jahreszeiten

Das Lied haben wir gerade im Kindergarten gelernt: „Es war eine Mutter, die hatte vier Kinder, den Frühling, den Sommer, den Herbst und den Winter."

die Jahreszeiten

Bei uns hat ein Jahr vier Jahreszeiten: Im Dezember, Januar und Februar herrscht der Winter. Im März, April und Mai haben wir Frühling. Der Sommer ist im Juni, Juli und August. September, Oktober und November sind die Herbstmonate.

der Frühling

Im Frühling fangen die Blumen und Bäume an zu blühen. Bienen fliegen von Blüte zu Blüte. Hasen und viele andere Tiere kommen aus ihrem Versteck und ziehen ihre Jungen groß. Das Wetter ist sehr wechselhaft. Manchmal ist es sonnig und warm, manchmal stürmisch, kalt und regnerisch.

der Sommer

Der Sommer bringt die wärmsten Monate im Jahr. Aus den Blüten der Bäume sind Früchte geworden. Auf dem Feld ist Getreide gewachsen. Die Sonne scheint warm und bis weit in den Abend hinein, sodass man lange draußen spielen kann. Manchmal gibt es plötzliche Sommergewitter.

der Tag und die Nacht

Die Erde wird von der Sonne beleuchtet. Tag und Nacht entstehen, weil die Erde sich um sich selbst dreht. Für eine ganze Drehung braucht sie genau 24 Stunden. Dabei ist immer nur eine Erdhälfte der Sonne zugewandt. Dort ist es hell und es herrscht Tag. Auf dem Teil der Erde, der im Schatten liegt und der nicht von der Sonne beschienen wird, ist Nacht. Je nach Jahreszeit sind Tag und Nacht unterschiedlich lang. Das kommt daher, weil die Erde leicht schräg steht. Manche Stellen auf der Erdkugel werden dann im Sommer länger beschienen. Daher ist es dort auch länger hell.

der Herbst

Wenn die Blätter rot und gelb werden und von den Bäumen fallen, ist es Herbst. Bei Wind kann man Drachen steigen lassen. Wolken ziehen über den Himmel und an vielen Tagen gibt es morgens Nebel oder Frost. Wenn es regnet, macht man es sich zu Hause gemütlich.

der Winter

Im Winter wird es am Abend viel früher dunkel als im Sommer. Die Laubbäume haben keine Blätter mehr und es ist kalt. Wenn es schneit und die Seen zufrieren, kann man einen Schneemann bauen, Schlittschuh laufen oder mit Freunden eine Schneeballschlacht machen.

Der Umweltschutz

die Wasserverschmutzung

Jeder Mensch besteht zu einem großen Teil aus Wasser. Ohne Wasser könnten wir also nicht überleben. Daher ist es besonders bedrohlich, wenn unser Trinkwasser verschmutzt wird. Werden giftige Abwässer in Meere, Seen oder Flüsse geleitet, werden diese verunreinigt. Fische und andere Tiere, die im und am Wasser leben, sterben dann.

die Luftverschmutzung

Abgeleitete Gase aus Fabriken oder Autoabgase verschmutzen unsere Luft, die wir täglich zum Atmen brauchen. Diese giftigen Gase greifen sogar die Schutzhülle der Erde an – die sogenannte Ozonschicht. Diese Schicht schützt uns vor gefährlichen Sonnenstrahlen.

die Regenwaldabholzung

Im Regenwald wachsen unzählige Bäume. Diese reinigen die Luft und produzieren riesige Mengen Sauerstoff, den wir zum Leben brauchen. Doch die Regenwälder werden von den Menschen abgeholzt. So gewinnen sie mehr Land für ihre Felder und Weiden. Das Holz wird zu Brennholz oder Möbeln verarbeitet. Durch die Zerstörung der Regenwälder verändert sich das Klima auf der Welt. Denn dadurch gibt es immer weniger Bäume, die die Luft reinigen.

der Klimawandel

Das Klima auf der Erde verändert sich. Man spricht daher vom Klimawandel. Auf der ganzen Welt wird es wärmer. Deshalb schmilzt das Eis in den Gebirgen und an Nord- und Südpol. Bei uns wird es trockener und es gibt mehr Unwetter. Ein Grund für den Klimawandel sind die vielen Abgase, die durch Autos und Fabriken in die Luft gepustet werden.

der Müll

Achtlos weggeworfener Abfall verschmutzt unsere Umwelt. Außerdem halten Tiere die Verpackungsreste oft für Futter. Sie fressen den Müll und werden krank. Abfälle gehören deshalb immer in eine Mülltonne! Damit aus gebrauchtem Papier, Glas oder Plastik neue Dinge hergestellt werden können, ist es wichtig, den Müll zu trennen. Unterschiedliche Mülltonnen für Papier, Plastikverpackungen, Bio- und Restmüll erleichtern dir das Sortieren.

die Umwelt schützen

Jeder kann etwas tun, damit die Umwelt nicht weiter verschmutzt wird. Statt mit dem Auto zu fahren, kann man kleine Strecken mit dem Fahrrad oder zu Fuß erledigen. Das verbraucht kein Benzin und verunreinigt auch nicht die Luft. Auch wer weniger Müll produziert, tut etwas für die Umwelt. Zum Einkaufen kannst du zum Beispiel einen Stoffbeutel oder einen Korb mitnehmen. So benötigst du keine Plastiktüten.

Unterm Sternenhimmel

Die Kindergartengruppe von Zeki und Marie besucht heute das Planetarium. Gerade sind alle aus dem Bus ausgestiegen und vor dem Planetarium angekommen. Gemeinsam marschieren die Kinder nun zum Eingang. Sie können es kaum noch erwarten!

„Hallo Kinder", begrüßt sie Herr Zimmermann. Er arbeitet am Planetarium und hat schon auf die Kinder gewartet. Herr Zimmermann führt sie in einen großen runden Saal mit einer riesigen, runden Kuppel als Dach. Die Kinder staunen: So einen Raum haben sie noch nie gesehen!

Überall stehen bequeme Sessel, in die sich die Kinder setzen dürfen. Alle sind begeistert: In den Sesseln kann man ja viel besser liegen als sitzen! „Das muss ja auch so sein", schmunzelt Herr Zimmermann, „denn gleich beginnt die Vorstellung und ihr sollt ja an die Decke schauen."

Das Licht geht aus und die Kinder schauen gespannt nach oben. An der Decke erscheinen lauter helle Punkte. Und auf einmal ist der Sternenhimmel zu sehen. „Das macht unser riesiger Projektor“, erklärt Herr Zimmermann den Kindern.

„Jetzt zeige ich euch etwas ganz Besonderes“, verkündet Herr Zimmermann. Und auf einmal ist die Erde als runder, blauer Ball an der Decke zu erkennen. „So sieht es aus, wenn man auf dem Mond steht und die Erde betrachtet“, sagt Herr Zimmermann. Alle Kinder staunen. Auch Zeki und Marie schauen gebannt an die Decke.

Am Himmel sind nun viele andere Planeten und die Sonne zu sehen. Herr Zimmermann erklärt: „Das ist unser Sonnensystem mit allen Planeten.“ Da beginnen die Planeten, sich rund um die Sonne zu drehen. „In Wahrheit drehen sie sich nicht so schnell“, beruhigt Herr Zimmermann. „Sonst würde uns allen ja schlecht werden.“

Als das Licht nach der Vorführung wieder angeht, reibt sich Marie die Augen. Zeki und sie sind sich einig: Das Weltall ist wirklich eine spannende Sache!

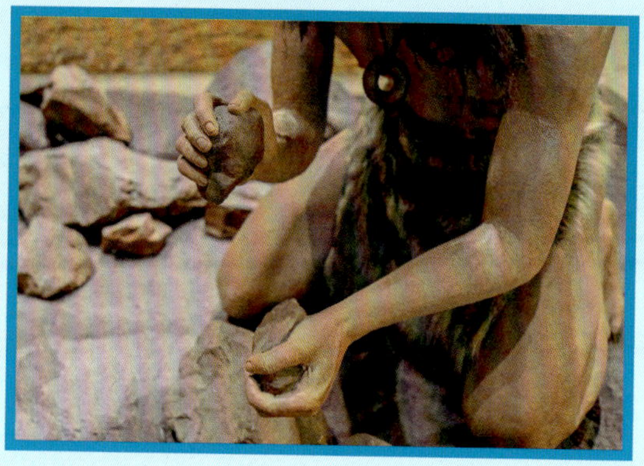

Unsere Erde ist schon sehr alt! Lange Zeit wurde sie von riesigen Sauriern bewohnt. Erst viel später tauchten die ersten Menschen auf der Erde auf. Das Leben, das sie führten, sah zu jeder Zeit anders aus. Es gab die unterschiedlichsten Gebäude, Kleider oder Berufe. Im Mittelalter wurden zum Beispiel Burgen gebaut. Hier lebten viele Menschen. Entdeckst du den Schmied und seine Werkstatt?

Abenteuer Geschichte

Die Urzeit

Wusstest du, dass unsere Schildkröten mit den Dinosauriern verwandt sind? Die Schildkröten gehören nämlich zur selben Gruppe wie die Dinos – zu den Reptilien.

die Entstehung des Lebens

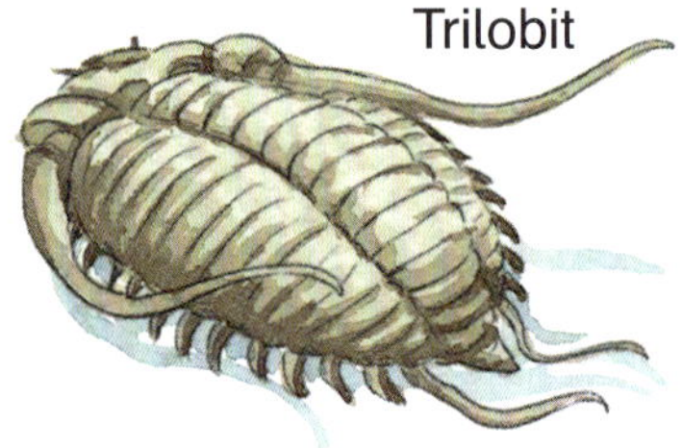

Die Erde entstand vor ungefähr fünf Milliarden Jahren. Damals war fast überall Wasser auf der Oberfläche und es gab noch kein Leben auf der Erde. Im Laufe der Zeit entwickelten sich im Wasser winzig kleine Lebewesen – die sogenannten Einzeller. Die waren so klein, dass man sie mit bloßem Auge nicht erkennen konnte. Nach Millionen von Jahren entstanden Algen, kleine Lebewesen und schließlich die ersten Fische. Nach den Fischen kamen dann die Amphibien, also Frösche und Lurche. Sie waren die Ersten, die das Wasser verlassen und an Land leben konnten. Danach entwickelten sich die Dinosaurier und Reptilien, die Vögel und schließlich die Säugetiere und der Mensch.

die Versteinerung

Im Gebirge oder in einem Steinbruch findet man manchmal Steine, in denen sich der Abdruck einer Pflanze oder eines Tieres befindet. Das kann zum Beispiel ein Schneckenhaus oder ein Skelett sein. Man nennt sie Versteinerungen oder Fossilien. Das versteinerte Tier hat vor vielen Millionen von Jahren gelebt. Für die Forscher und Forscherinnen sind solche Versteinerungen sehr wichtig. Sie helfen ihnen zu verstehen, wie die Pflanzen oder Tiere damals ausgesehen haben.

der Meeressaurier

Meeressaurier werden auch Fischsaurier genannt. Sie lebten im Wasser und hatten Flossen zum Schwimmen. Der Plesiosaurus hatte vier Flossen, die wie Paddel aussahen. Ähnlich wie ein heute lebender Pinguin konnte er sich damit schnell durchs Wasser bewegen. Der Ichthyosaurus sah fast wie ein Delfin aus. Sein Körper war perfekt an das Leben im Wasser angepasst. Genau wie die Säugetiere mussten die Meeressaurier zum Luftholen an die Oberfläche kommen.

der Dinosaurier

Dinosaurier sind Tiere, die vor etwa 200 Millionen Jahren lebten und heute ausgestorben sind. Pflanzenfresser wie der Brachiosaurus bewegten sich schwerfällig. Fleischfresser besaßen meist scharfe Krallen und kräftige Zähne. Einer der gefährlichsten Fleischfresser war der Tyrannosaurus Rex. Der flinke Velociraptor war nur etwa so groß wie ein Truthahn. Seine gefährlichste Waffe war eine gebogene, messerscharfe Kralle am Fuß.

der Flugsaurier

Durch die Lüfte segelten Flugsaurier mit riesigen Hautflügeln. Sie waren die größten Lebewesen, die jemals fliegen konnten. Zu ihnen zählte auch der Pteranodon. Wenn er seine Flügel ausbreitete, segelte er wie ein kleines Flugzeug am Himmel. Mit dem langen Schnabel fing er Fische aus dem Wasser.

Die Steinzeit

Wusstest du eigentlich, dass die Steinzeit Steinzeit heißt, weil die Menschen damals Werkzeuge aus Stein gemacht haben?

der Steinzeitmensch

Der Mensch ist ein Verwandter des Affen. Vor vielen Tausend Jahren, in der Steinzeit, lebten die Menschen in Gruppen zusammen. Damals sahen die Menschen nicht so aus wie heute. Sie hatten viel mehr Haare auf dem ganzen Körper, die sie vor der Kälte schützten.
In der Steinzeit wohnten die Menschen in Höhlen. Diese boten ihnen Schutz vor wilden Tieren.

das Feuer

Feuer war für die Menschen in der Steinzeit sehr wichtig.
Mit brennenden Ästen konnten sie Raubtiere verjagen und Fackeln spendeten ihnen Licht. Um ein Feuer zu entfachen, nahmen sie zwei Feuersteine und schlugen sie aneinander. Dabei entstanden Funken. Die Funken mussten nun auf leicht brennbares Material wie Holzspäne oder getrocknete Pilze fallen. Erst dann loderte langsam ein Feuer auf.

Höhlenmalerei

Überall auf der Welt haben Forscher Höhlenbilder aus der Steinzeit entdeckt. Die Bilder erzählen uns viel vom Leben der Steinzeitmenschen. Die Menschen malten mit Farben, die in der Natur vorkamen. Die gelblich rote Farbe ist Ocker, eine Tonerde. Die schwarzen Umrandungen der Tierbilder machten sie mit Holzkohle. Gemalt wurde mit den Fingern oder mit Pinseln aus Tierhaaren.

der Faustkeil

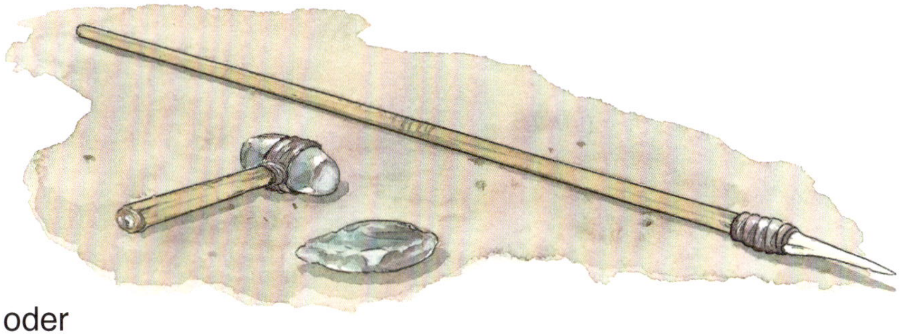

Ein Faustkeil ist ein Werkzeug aus Stein. Die Steinzeitmenschen nutzten ihn als Messer oder Schaber. Damit schabten sie Fleisch von Tierknochen oder stellten aus Tierfellen Kleidung her. Den Faustkeil bearbeiteten die Menschen so lange mit einem zweiten Stein, bis er an den Rändern ganz scharf war. Obwohl es schon lange keine Steinzeitmenschen mehr gibt, wissen wir ganz genau, wie so ein Faustkeil ausgesehen hat. Bei Ausgrabungen fanden Forschende nämlich unterschiedliche Faustkeile aus dieser Zeit.

die Jagd

Die Menschen der Steinzeit verbrachten viel Zeit damit, genug Nahrung für alle zu beschaffen. Vor allem die Männer gingen auf die Jagd nach wilden Tieren. Große Tiere wurden mit brennenden Ästen in eine Falle getrieben und mit Steinen und Speeren getötet. Kleintiere und Fische wurden direkt mit Speeren erlegt.

das Mammut

In der Steinzeit lebten die Mammute. Wollhaarmammute sahen aus wie riesige Elefanten mit dichtem Fell. Ihre Stoßzähne waren sehr lang und stark gebogen. Mammute durchstreiften in Herden das Land und fraßen hauptsächlich Gräser. Ein Mammut lieferte Fleisch, Knochen, Haut und Fell für viele Familien. Deshalb bauten die Steinzeitmenschen oft tiefe Gruben und trieben die riesigen Tiere mit brennenden Ästen in diese Fallen. Heute sind die Mammute längst ausgestorben.

Das alte Ägypten

der Pharao

Vor vielen Tausend Jahren lag am Ufer des Nils in Nordafrika das ägyptische Reich. Die Könige im alten Ägypten hießen Pharaonen. Sie waren sehr mächtig und wohlhabend. Der Pharao wurde von seinem Volk wie ein Gott verehrt. Der Name „Pharao" bedeutet „großes Haus". Die Menschen damals glaubten nämlich, dass in seinem Körper ein Gott wohnt. Schon vor seinem Tod ließ der Pharao eine Pyramide als Grabkammer für sich bauen. Es gab auch Pharaoninnen.

Kleopatra

Kleopatra war eine berühmte Pharaonin und die letzte mächtige Herrscherin des ägyptischen Reichs. Sie soll so schön gewesen sein, dass jeder von ihr beeindruckt war. Kleopatra versuchte, ihr Reich vor den Römern zu retten, doch ohne Erfolg: Die Römer eroberten Ägypten, das von da an zum römischen Reich gehörte.

die Hieroglyphen

Die alten Ägypter kannten keine Buchstaben, wie wir sie heute kennen. Dennoch hatten sie eine eigene Schrift. Sie bestand aus verschiedenen Zeichen und Bildern. Diese heißen Hieroglyphen. Zwei Beine bedeuten zum Beispiel „sich bewegen". Eine Auge steht für „sehen".

die Pyramide

Die Ägypter bauten riesige Pyramiden, in denen die Pharaonen beerdigt wurden. Der Bau einer Pyramide war sehr schwierig, weil tonnenschwere Steinblöcke aufeinandergesetzt werden mussten. Deshalb dauerte es viele Jahre, bis eine Pyramide fertig war. Die Grabkammer lag tief im Innern der Pyramide versteckt. Geheime Gänge, Kammern und Türen sollten das Grab vor Räubern schützen. Der Eingang wurde zugemauert.

die Mumie

Die Ägypter glaubten, dass ihr Pharao nach seinem Tod im Jenseits weiterleben würde. Deswegen versuchten sie, seinen Leichnam haltbar zu machen. Dazu überschüttete man den Körper des toten Pharaos mit Natron, einer Art Salz. Dieses Salz entzog dem Körper das Wasser und trocknete ihn aus. Anschließend rieb man den Körper mit Öl ein und wickelte ihn in lange Leinentücher. Diese Mumie wurde in einen bunt bemalten Sarg gelegt und in einer Grabkammer bestattet. Neben dem Sarg lagen wertvolle Juwelen und etwas zu essen und zu trinken.

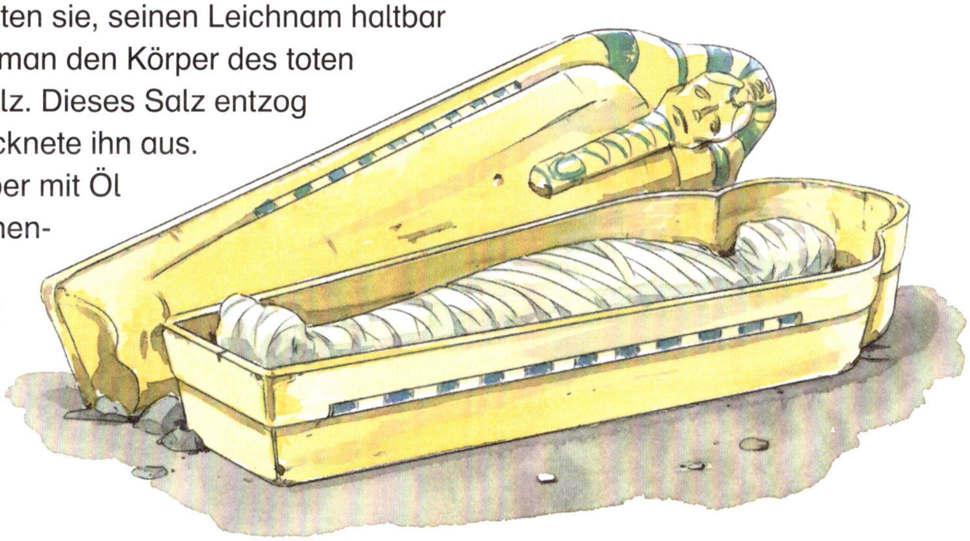

die Sphinx

Die größte Steinfigur des ägyptischen Reichs war die Sphinx. Sie hatte den Körper eines Löwen und den Kopf eines Pharaos. Die Ägypter bauten die Figur in der Nähe der Pyramiden. Sie sollte die Gräber der Pharaonen vor Räubern beschützen. Noch immer gibt diese Steinfigur den Forscherinnen und Forschern Rätsel auf, denn sie hat keine Nase mehr. Wer genau die Sphinx beschädigte, ist bis heute ungeklärt.

Die Antike

Zeki und ich trainieren für die Olympischen Spiele. Wir wollen beim Turnen an den Start gehen. Olympia gibt es übrigens schon lange! Die alten Griechen haben die Sportveranstaltung erfunden.

das alte Griechenland

Im alten Griechenland gab es mehrere große Städte. Jede Stadt hatte eine eigene Regierung und eigene Gesetze. Die Einwohner glaubten an unterschiedliche Götter. Häufig kam es zu Streit und Kriegen zwischen den Städten. Es gab keine Könige, sondern die Menschen konnten wählen, wer regieren sollte. Damit waren die Griechen Vorbilder für viele moderne Länder und Regierungen. Auch wir wählen heute die Politiker, die unser Land regieren. Außerdem haben wir viele Wörter aus der altgriechischen Sprache übernommen, zum Beispiel Theater oder Alphabet.

das Römische Reich

Vor langer Zeit war das Römische Reich sehr groß und mächtig. Die Römer hatten eine starke Armee und führten viele Kriege, um ihr Reich noch größer zu machen. So herrschten sie über fast ganz Europa. Die wichtigste Stadt war Rom. Von hier aus wurde das Reich regiert. Die Römer errichteten prächtige Gebäude aus Marmor und Gold. Außerdem bauten sie lange Leitungen, um die Städte mit Wasser zu versorgen. Die alten Römer erfanden auch viele praktische Dinge, zum Beispiel eine Fußbodenheizung.

die Götter

Die prächtigsten Gebäude in der Antike waren oft die Tempel für die Götter. Sie bestanden meist aus vielen großen Säulen und waren bunt bemalt. Römer und Griechen glaubten an viele Götter. Die meisten waren miteinander verwandt. Der Vater aller Götter wurde von den Römern Jupiter und von den Griechen Zeus genannt. Er war zuständig für Blitz, Donner und die Luft. Daher wurde er oft mit einem Zepter, Blitz oder Adler dargestellt. Zusammen mit seiner Frau hatte er viele Kinder, die ebenfalls alle Götter waren.

die Sklaven/Sklavinnen

Ein Sklave oder eine Sklavin ist ein Mensch, der nicht tun kann, was er oder sie will. Sie müssen einem anderen Menschen gehorchen. In der Antike gab es viele Sklaven und Sklavinnen. Sie wurden von ihrem Herrn gekauft und mussten für ihn bestimmte Dienste im Haus verrichten. Heute ist Sklaverei verboten, weil alle Menschen frei sein sollen.

Amphitheater

die antiken Bauten

In der Antike wurden gewaltige Bauten errichtet. Die Griechen schufen zum Beispiel Amphitheater. Das sind große, halbrunde Gebäude, in denen Theaterstücke unter freiem Himmel aufgeführt werden konnten. In einer römischen Arena wurden Wettkämpfe gezeigt. Die Zuschauer saßen im Kreis rund um einen großen Platz. In der Mitte der Arena kämpften Männer mit den unterschiedlichsten Waffen gegeneinander. Diese Männer nannte man Gladiatoren. Im Kolosseum in Rom fanden damals rund 50 000 Zuschauer Platz. So viele Menschen passen heute in ein großes Fußballstadion.

Kolosseum

Das Mittelalter

die Burg

Eine Burg ist ein großes Bauwerk mit dicken und hohen Mauern. Meistens hat sie mehrere Wachtürme. Von dort oben konnten die Wachposten gut erkennen, wer sich der Burg näherte. Bestand für die Burgbewohner Gefahr, schlugen die Wachen Alarm. Auch Bauern und andere Menschen, die in der Nähe wohnten, durften dann in der Burg Schutz suchen.

die Burgbewohner

Burgen wurden für Könige, Fürsten oder adlige Ritter gebaut, die dort mit ihren Familien lebten. Zahlreiche Hausangestellte, Handwerker und Krieger arbeiteten für sie. Alle wohnten innerhalb der Burgmauern, meist in kleineren Häusern oder Hütten.

der König und die Königin

Der König und seine Frau, die Königin, herrschten über ihr Reich. Sie sprachen Recht, bestimmten, wie hoch die Steuern waren, und führten Kriege gegen andere Länder. Könige wurden nicht gewählt. Der Titel wurde meist vom Vater auf den Sohn vererbt. Aber es gab auch Königinnen, die regierten.

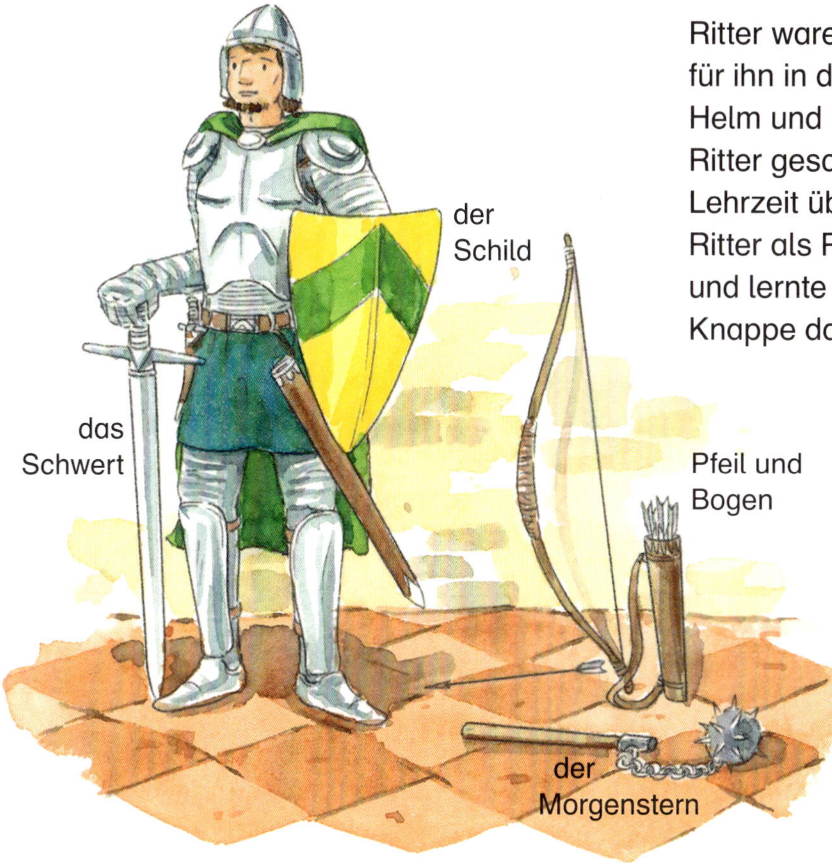

der Ritter

Ritter waren die Soldaten des Königs und zogen für ihn in den Krieg. Im Kampf schützten sie sich mit Helm und Rüstung aus Metall. Bevor man zum Ritter geschlagen wurde, musste man eine lange Lehrzeit überstehen. Zuerst diente man einem Ritter als Page. Mit 14 Jahren wurde man Knappe und lernte das Kämpfen. Mit 21 Jahren wurde der Knappe dann zum Ritter ernannt.

die Waffen

Ritter kämpften mit unterschiedlichen Waffen. Das Schwert war die wichtigste Waffe. Es hatte zwei scharfe Klingen. Zusätzlich beherrschte ein Ritter den Umgang mit der Lanze, mit Pfeil und Bogen und mit dem Morgenstern. Ein Morgenstern war eine Kugel mit lauter spitzen Zacken, die mit einer Kette an einem Stab befestigt war.

das Turnier

Bei einem Turnier kämpften Ritter gegeneinander. So konnten sie zeigen, wie mutig sie waren und wie gut sie reiten konnten. Die Pferde und die Rüstungen der Ritter waren bunt geschmückt. Mit einer langen Lanze unter dem Arm galoppierten zwei Ritter aufeinander zu. Wer es schaffte, den anderen vom Pferd zu stoßen, hatte gewonnen. Solche Ritterturniere waren gute Vorbereitungen für den Krieg, denn die Ritter übten so das Kämpfen und Reiten.

Die Ureinwohner

Schau mal, hier liegt Amerika. Die Ureinwohner dieses Kontinents haben eine spannende Geschichte. Komm, wir finden etwas über sie heraus.

die Ureinwohner

Die Ureinwohner, also die ersten Einwohner und Einwohnerinnen Amerikas, waren Bauern. Andere lebten von der Jagd oder vom Fischfang. Es gab viele unterschiedliche Völker. In Nordamerika lebten zum Beispiel die Apachen, die Sioux oder die Cheyenne. In Mittel- und Südamerika waren die Azteken, Maya und Inka zu Hause. Jedes Volk hatte seine eigene Kultur, seine eigenen Regeln und Ansichten.

der Häuptling

Besonders kluge Männer konnten Häuptling werden. Dieser bestimmte wichtige Dinge für den Stamm. Im Krieg führte er die Krieger an oder verhandelte mit den Feinden. An besonderen Tagen trug er einen prächtigen Federschmuck auf dem Kopf.

der Krieger

Ein Krieger verteidigte seinen Stamm. Die Präriekrieger waren gute Reiter. Sie kämpften meist mit Pfeil und Bogen, später auch mit Gewehren. Wurden sie im Kampf verletzt, trugen sie eine rote Feder. Eine Feder mit einem Punkt hieß, dass sie den Feind getötet hatten.

der Bison

Ein Bison ist ein wildes Rind. Es hat einen großen Kopf und gebogene Hörner. Weil Bisons ein dichtes Fell und gutes Fleisch haben, wurden sie von den Ureinwohnern gejagt. In Nordamerika lebten früher große Bisonherden. Doch immer mehr Europäer kamen nach Amerika und jagten die Tiere zum Spaß. Deshalb gab es mit der Zeit immer weniger Bisons.

das Tipi

Ein Tipi war ein großes Zelt. Lange Holzstangen wurden in einem Kreis aufgestellt und oben zusammengebunden. Als Zeltplane legten die Ureinwohner Bisonhäute darüber. Innen lagen warme Felle am Boden. In der Mitte des Zeltes konnte man ein Feuer machen. Damit der Rauch aus dem Zelt abziehen konnte, gab es über dem Zelteingang eine Öffnung mit zwei Klappen. Diese waren mit zwei Stangen befestigt. Nicht alle lebten in Zelten. Manche Stämme lebten auch in festen Häusern aus Stein oder Lehm oder in Höhlen.

der Cowboy

Cowboy bedeutet „Kuhjunge". Die Cowboys kümmerten sich um die Rinder auf einer Ranch. Das waren große Farmen, auf denen Rinder gezüchtet wurden. Auf ihren Pferden trieben sie die Herde zu ihren Futterplätzen. Lief ein Rind davon, fingen sie es mit einem Lasso wieder ein. Im Frühjahr trieben die Cowboys die Tiere in den Norden, wo sie verkauft wurden.

Die Piraten

die Galeone

Viele Piraten hatten ein Schiff, das man Galeone nennt. Es war aus Holz und hatte drei oder vier Masten. Die Schiffe waren so gebaut, dass man andere Schiffe damit rammen konnte. Nach einem Rammstoß warfen die Piraten Enterhaken auf das feindliche Schiff. Diese eisernen Haken sahen wie Anker aus und waren an langen Seilen befestigt. Damit zogen die Piraten das Schiff nahe an ihr eigenes Schiff heran. Dann konnten sie sich hinüberschwingen und die Gegner angreifen. Man sagt, sie enterten das Schiff.

die Piratenflagge

Trug ein Schiff eine schwarze Flagge, waren alle gewarnt: Piraten! Auf manchen Piratenflaggen war ein Totenkopf. Der sollte dem Feind Angst machen. Die Piraten hissten ihre Flagge jedoch meist erst dann, wenn sie nahe am feindlichen Schiff waren. Oft fuhren sie auch unter einer falschen Flagge, um die anderen Schiffe zu täuschen.

der Freibeuter

Freibeuter waren Piraten, die im Auftrag eines Königs oder einer Königin auf den Meeren unterwegs waren. In einem sogenannten Kaperbrief erhielten sie die Erlaubnis, feindliche Handelsschiffe zu überfallen. Die Beute teilten sie mit den Herrschern. Ein berühmter Freibeuter war Francis Drake. Die englische Königin schlug ihn sogar zum Ritter, weshalb er sich „Sir“ nennen durfte.

die Kanone

Die Schiffe der Piraten waren mit Kanonen ausgerüstet. Damit feuerten sie auf feindliche Schiffe. Mit den Kettenkugeln zielten sie auf die Segelmasten. Waren diese erst einmal zerstört, konnten die Schiffe nicht mehr fliehen.

die Waffe

Die Piraten waren zum Beispiel mit Pistolen, Messern, Enterhaken oder Schwertern bewaffnet. Eine typische Piratenwaffe war auch der Entersäbel. Das war ein sehr scharfer Säbel mit kurzer, breiter Klinge. Außerdem benutzten die Piraten die Waffen, die sie bei ihren Überfällen erbeuteten.

der Schatz

Hatten die Piraten ein Schiff überfallen, nahmen sie die gesamte Schiffsladung mit. Manchmal waren es Edelsteine, Gold oder Silber. Viele Schiffe kamen damals aus fremden Ländern und hatten Gewürze, Zucker oder wertvolle Stoffe an Bord. Wenn die Piraten ihre Beute nicht selbst gebrauchen konnten, verkauften sie sie.

Die Wikinger

Wusstest du das, Hase?
Die Wikinger kamen aus Skandinavien.
Und der Name Ole ist ein alter skandinavischer Name. Ob es auch Wikinger gab, die Ole hießen?

die Seefahrt

Die Wikinger fuhren mit ihren Schiffen über das Meer. Auf ihren Reisen über den Atlantischen Ozean erschlossen die Wikinger neue Handelswege. Erik der Rote entdeckte auf einer seiner Fahrten Grönland. Einige Jahre später kam Leif Eriksson über Grönland nach Nordamerika. Er nannte es „Vinland“, also Weinland. Leif Eriksson entdeckte Amerika also noch vor dem spanischen Seefahrer Christoph Kolumbus, der oft als Entdecker von Amerika bezeichnet wird.

das Drachenschiff

Das Drachenschiff war ein wendiges Kriegsschiff der Wikinger. Es war sehr schnell. Je nach Größe hatte das Schiff bis zu 70 Ruder und ein Segel. Dies war meist bunt gestreift. Am hochgebogenen Bug befand sich ein Drachenkopf. Daher kommt auch der Name Drachenschiff.

der Raubzug

Die Wikinger waren nicht nur friedliche Entdecker, sondern auch gefürchtete Eroberer. Mit ihren wendigen Schiffen fuhren sie an den Küsten entlang und überfielen Küstendörfer. Die Krieger plünderten die Häuser und raubten wertvolle Gegenstände. Dann brannten sie die Gebäude nieder.

der Handel

Die Wikinger betrieben regen Handel. Sie fuhren mit ihren Schiffen über die Meere und tauschten oder verkauften zum Beispiel ihre Pelze. Dafür erhielten sie Keramik und Gläser aus dem Rheingebiet, Schmuck aus England, Schwerter aus Frankreich und Gewürze, Südfrüchte und Silbermünzen aus dem Orient. Waren aus aller Welt waren in Skandinavien zu finden.

die Siedlung

Die Wikinger siedelten an der Küste Skandinaviens. Viele lebten von der Landwirtschaft, züchteten Tiere und gingen auf Fischfang. Oft wohnten die Wikinger auf einsamen Höfen, doch es gab auch Siedlungen und Städte. Hier legten die Handelsschiffe an und die Händler verkauften ihre Waren. Auch viele Handwerker gingen hier ihrer Arbeit nach.

die Knorr

Die Knorr war ein Handelsschiff der Wikinger. Es war nicht so schnell wie ein Drachenschiff. Dafür war es breiter und geräumiger, sodass die Wikinger damit große Warenmengen transportieren konnten. Mit einer Knorr fuhren die Wikinger bis Grönland und Amerika.

Der Kostümwettbewerb

Im Kindergarten findet heute ein großes Kostümfest statt. Alle Kinder freuen sich schon seit Tagen darauf. Und eines ist natürlich klar: Jeder möchte den Wettbewerb für das schönste Kostüm gewinnen.

Frau Hartmann kommt auf die Bühne und ruft nacheinander die Kinder nach vorne: „Und hier ist Marie, die Piratenbraut. Mit dem Kopftuch und ihrer Augenklappe hätte ich sie fast nicht erkannt!“ Marie muss ein wenig kichern. Frau Hartmann redet weiter: „Als Nächstes sehen wir Zeki, den furchtlosen Cowboy der Prärie!“ Zeki zieht sich seinen Cowboyhut ganz tief in die Stirn und schaut, wie ein echter Cowboy eben schauen muss.

„Und nun Bühne frei für den furchtlosen Ritter Richard!“, kündigt Frau Hartmann an. Richard trägt eine blank geputzte Ritterrüstung. Toll. Langsam und etwas steif geht er auf die Bühne. In so einer Ritterrüstung ist das Gehen gar nicht so leicht.

„Und jetzt großen Applaus für den kleinen Dino“, fordert Frau Hartmann. Stolz präsentiert Ole sein Kostüm. Er hat den Dinokopf selbst verziert.

Nach und nach kommen alle Kinder auf die Bühne. Da gibt es Luzie, die furchtlose Prinzessin, und Diego, den starken Wikinger.

Auch der lustige Römer Robert und eine Reiterin sind dabei. Alle bekommen eine Menge Applaus, denn sie haben tolle Kostüme.

Am Ende verkündet Frau Hartmann den Sieger: „Gewonnen hat der furchtlose Ritter Richard in seiner Rüstung!“ Die Kinder klatschen. Richard hat wirklich das beste Kostüm. „Und nun auf zum Schokoladenkuchenessen!“, ruft Frau Hartmann. Alle Kinder sitzen schon am Tisch. Nur Richard nicht. „Komm her!“, ruft Marie. „Hier ist noch ein Platz frei.“ „Geht nicht“, sagt Richard traurig. „Mit meiner Rüstung kann ich mich nicht setzen.“

„Na, dann essen wir heute eben mal alle im Stehen!“, schmunzelt Frau Hartmann und lachend springen alle Kinder von ihren Stühlen auf. Frau Hartmann drückt dem hungrigen Ritter Richard ein großes Stück Kuchen in die Hand und jetzt kann auch er endlich losfuttern.

Die Buchstaben

Marie kann schon ihren Namen schreiben. Sie hat ein Buch, in dem alle Buchstaben abgebildet sind. Und auch sonst begegnet man ihnen überall: auf der Straße, beim Einkaufen und sogar im Kindergarten.
Unser Alphabet besteht aus 26 Buchstaben, aus denen sich die Wörter und auch Namen zusammensetzen.
Ein oder mehrere Buchstaben stehen für einen Laut.

Auf dieser Seite zeigen wir dir alle 26 Buchstaben des Alphabets. Du kannst jeden einzelnen Buchstaben mit deinem Zeigefinger in Richtung der Pfeile nachfahren. Wenn du die Wörter neben den Buchstaben langsam aussprichst, hörst du auch die Laute.

SPIEL-ECKE

Buchstaben-Memospiel

- Ganz einfach kannst du das Spiel basteln, indem du von dieser Buchseite eine Kopie (DIN A3) machst und die Buchstaben und die bunten Gegenstände auseinanderschneidest.
- Aus Pappe schneidest du 52 Karten (5×5 cm). Jeder Buchstabe und jeder Gegenstand wird auf eine Karte geklebt.
- Die 52 Karten mischst du durch und verteilst sie verdeckt auf der Spielfläche.
- Dann deckt jeder Mitspieler im Uhrzeigersinn zwei Karten auf. Es soll der richtige Anfangsbuchstabe zu dem Wort gefunden werden. Wenn einer ein Paar aufgedeckt hat, darf er das Kartenpaar einsammeln. Sieger ist, wer die meisten Paare gefunden hat.

Was braucht man:

Papier,
großes Stück Pappe,
Schere,
Klebstoff,
mindestens 2 Mitspieler

Die Zahlen

Zeki ist fünf Jahre alt. Das sind so viele Jahre, wie man Finger an einer Hand hat. Zahlen findest du zum Beispiel auf Uhren, Preisschildern und Autokennzeichen. Was würden wir wohl machen, wenn es auf der Welt keine Zahlen gäbe? Auch wenn man noch nicht rechnen kann, braucht man sie nämlich ständig, um sich im Alltag zurechtzufinden. Zahlen zeigen uns Größen und Mengen an.

SPIEL-ECKE

Mehr oder weniger

- Alle Kinder greifen in eine Tüte oder eine Kiste, die zum Beispiel mit Knöpfen, Streichhölzern oder Gummibärchen gefüllt ist.
- Erst wenn jedes Kind seine „Schätze“ in der Hand hält, sagt der Spielführer, worum es geht: nämlich darum, ob das Kind mit den wenigsten oder mit den meisten Gegenständen gewinnt.
- Nun werden die Gegenstände in den Händen gezählt. Wer hat gewonnen?

Was braucht man:

mehrere Knöpfe,
Streichhölzer oder
Gummibärchen,
Tüte oder Kiste,
mindestens 2 Mitspieler

Die Tiere

Marie und Ole gehen jeden Tag mit ihrem Hund Polly im Park spazieren. Dort sehen sie meist noch weitere Hunde. Aber auch viele andere Tiere wie zum Beispiel Enten, Bienen und Käfer kann man dort entdecken. Auf der Welt gibt es viele unterschiedliche Tierarten. Man unterteilt sie in verschiedene Gruppen: Säugetiere, Vögel, Reptilien, Amphibien, Fische und Wirbellose. Zu welcher Gruppe gehören wohl Hunde?

Säugetiere

Säugetiere tragen ihre Jungen im Bauch aus. Nach der Geburt ernähren sie die Kleinen mit der eigenen Milch. Man sagt, die Tierkinder werden gesäugt. Die meisten Säugetiere haben ein Fell, zum Beispiel Pferde, Kühe oder Wildschweine. Eine Ausnahme bilden Wale und Delfine.

Vögel

Vögel legen Eier, aus denen dann die Küken schlüpfen. Sie haben Federn und Flügel, daher können die meisten Vögel fliegen.

Fische

Fische können mit ihren Kiemen unter Wasser atmen. Die meisten Fische haben Schuppen und Brust- und Bauchflossen. Damit können sie sich schnell im Wasser fortbewegen. Fast alle Fische legen Eier.

Reptilien

Die meisten Reptilien legen wie Vögel Eier, aus denen ihre Jungen schlüpfen. Sie haben eine schuppige Haut, vier Beine und einen Schwanz. Auch Schlangen gehören zu den Reptilien. Bei ihnen haben sich die Beine im Lauf der Jahrhunderte zurückgebildet.

Amphibien

Amphibien werden auch Lurche genannt. Zu ihnen gehört zum Beispiel der Salamander. Auch Frösche sind Amphibien. Bei ihnen hat sich der Schwanz zurückgebildet. Amphibien haben eine feuchte Haut.

Wirbellose

Die meisten Tiere, die auf der Welt leben, sind wirbellose Tiere. Würmer, Schnecken, Spinnen und Käfer haben im Gegensatz zu den anderen Tieren keine Wirbelsäule.

FORSCHER-ECKE

Ameisenstraße

- Im Wald entdeckt man häufig Ameisenhaufen. Ganz einfach bekommst du Ameisen dazu, eine Ameisenstraße zu „bauen“.
- Feuchte die Zuckerwürfel an und „male“ mit ihnen eine Schlangenlinie auf das Papier. Auf dieser Zuckerspur zerbröselst du nun die Kekse oder das Brot. Dann legst du das Papier in die Nähe des Ameisenhaufens.
- Nach kurzer Zeit haben die Ameisen die Zuckerspur entdeckt. Jetzt sammeln sie das Futter entlang der Linie auf und bringen es in ihren Bau.
- Dabei hinterlassen sie eine Spur, die die anderen Ameisen riechen können. So finden auch sie den Weg zum Zucker.

Was braucht man:

großes Stück Papier,
mehrere Zuckerstücke,
Kekse oder Brot
zum Zerkrümeln,
kleine Wasserflasche

Die Farben und die Formen

Ole malt am liebsten mit Wachsmalstiften. Seine Lieblingsfarbe ist Rot, weil auch seine Lieblingsspeise – rote Grütze – so schön rot ist. Aber es gibt natürlich noch viel mehr Farben! Farben haben auch Einfluss auf unsere Stimmung. Schauen wir in einen strahlend blauen Himmel, bekommen wir gute Laune. Wachen wir aber morgens auf und der Himmel ist grau, kommen wir nur langsam aus dem Bett.

Farben

Rot, Blau, Gelb; das sind die Grundfarben. Mit den Grundfarben kann man sich alle anderen Farben zusammenmischen. Mischt man Rot mit Blau, bekommt man ein schönes Lila, Gelb und Blau ergibt Grün und mischt man Gelb mit Rot, entsteht ein strahlendes Orange. Wenn du ganz viele verschiedene Farben zusammenrührst, ergibt sich dabei fast immer ein Braun, und nach längerem Mischen wird alles schließlich schwarz.

Im Kindergarten malst du meistens mit Wachsmalstiften, Buntstiften, Fingerfarben oder Wasserfarben. Aber auch woanders findet man Farben, mit denen man Bilder malen kann.
Mit Kohle kann man zeichnen, Fruchtsäfte hinterlassen zarte Farben auf dem Papier, wenn man sie wie Wasserfarben verwendet. Und mit Ziegelsteinen kann man schöne rote Muster malen.

Formen

Schau dich in deinem Zimmer um.
Jeder Gegenstand hat eine bestimmte Form.
Eine Uhr ist meistens rund, der Bilderrahmen ist oft ein Rechteck und die Spielzeugkiste kann wie ein Quadrat aussehen.

Kreis

Raute

Quadrat

Dreieck

Rechteck

Stern

Herz

FORSCHER-ECKE

Regenbogendusche

- Nicht nur wenn es regnet und gleichzeitig die Sonne scheint, kann man einen Regenbogen sehen. Die Farben des Regenbogens kannst du auch auf Seifenblasen entdecken. Oder du machst dir selbst einen Regenbogen.
- Stell dich so hin, dass du die Sonne im Rücken hast. Spritze mit dem Schlauch Wasser in die Luft. Je feiner der Wasserstrahl ist, desto schöner wird der Regenbogen.
- Normalerweise erscheint uns das Licht weiß, wenn es aber durch Wasser strahlt, wird es gebrochen. Wir sehen dann all die Farben, aus denen sich das weiße Licht zusammensetzt. Die Farben des Regenbogens sind Rot, Orange, Gelb, Grün, Blau, Indigo (Dunkelblau) und Violett.

Was braucht man:

Gartenschlauch,
Wasser,
Sonnenschein

Erstes Englisch

Marie und Zeki lernen im Kindergarten Englisch. Für Zeki ist es schon die dritte Sprache. Er kann ja bereits Deutsch und Türkisch sprechen. Englisch wird in Großbritannien, den USA, in Kanada, Australien, Südafrika, Indien und noch in vielen anderen Ländern gesprochen. Da Kinder auch in anderen Ländern Englisch im Kindergarten oder in der Schule lernen, kannst du dich fast überall auf der Welt in dieser Sprache unterhalten.

Numbers – Zahlen

1 one – eins

2 two – zwei

3 three – drei

4 four – vier

5 five – fünf

6 six – sechs

7 seven – sieben

8 eight – acht

9 nine – neun

10 ten – zehn

Animals – Tiere

dog – Hund

bird – Vogel

pig – Schwein

horse – Pferd

cat – Katze

fish – Fisch

cow – Kuh

mouse – Maus

rabbit – Kaninchen

Parts of the body – Körperteile

hair – Haare
head – Kopf
ear – Ohr
mouth – Mund
arm – Arm
face – Gesicht
eye – Auge
hand – Hand
leg – Bein
foot – Fuß

Fruit and vegetables – Obst und Gemüse

apple – Apfel

strawberry – Erdbeere

tomato – Tomate

carrot – Karotte

lemon – Zitrone

banana – Banane

cucumber – Gurke

potato – Kartoffel

Clothes – Kleidung

dress – Kleid

shirt – Hemd

sweater – Pullover

trousers – Hose

jacket – Jacke

socks – Socken

skirt – Rock

shoes – Schuhe

Die Natur

Marie und Ole haben im Garten ein eigenes Beet, in dem Blumen und Gemüse wachsen. In diesem Sommer haben sie sogar die ersten roten Tomaten geerntet. Marie hat die Pflanzen mit viel Wasser gegossen. Ole matscht allerdings lieber mit Wasser und Erde herum. Manchmal findet er sogar einen dicken Regenwurm.

Wie atmen Pflanzen?

Überall auf der Welt gibt es die verschiedensten Pflanzen: Bäume, Sträucher, Gräser und Blumen. Diese Pflanzen stellen Sauerstoff her, den wir Menschen zum Atmen brauchen. Ohne die Pflanzen könnten wir auf der Erde nicht überleben. Pflanzen atmen nicht durch die Nase, sondern durch winzige Poren auf den Blättern. Diese Poren nehmen aus der Luft ein unsichtbares Gas auf, das Kohlendioxid heißt. Dieses Gas wandeln die Pflanzen dann in Sauerstoff um und atmen es durch ihre Poren wieder aus. So gelangt der für uns lebensnotwendige Sauerstoff in die Luft.

Wachstum

Alle Pflanzen sind ähnlich aufgebaut. Sie haben Wurzeln, einen Stängel oder einen Stamm, Blätter und Blüten. Wenn man einen Samen in der Erde vergräbt und ausreichend Wasser, Mineralien und Wärme vorhanden ist, beginnt der Samen zu keimen. Wurzeln wachsen nach unten in die Erde und nehmen Wasser und Nährstoffe auf. Diese werden durch den Stängel zu den Blättern geleitet.

Blumenarten

Es gibt verschiedene Blumenarten.
Kennst du einige davon?

Gänseblümchen

Löwenzahn

Tulpe

Sonnenblume

Rose

Maiglöckchen

Krokus

FORSCHER-ECKE

Wie trinken Pflanzen?

- Fülle das Glas mit Wasser und gib etwas Lebensmittelfarbe dazu. Stelle die weiße Blume in das Glas.
- Wie sieht die Blume nach zwei Stunden aus? Schau auch am nächsten Morgen noch mal nach. Hat sich die Farbe der Blume verändert?
- Normalerweise nehmen Pflanzen Wasser aus der Erde über ihre Wurzeln auf. In dem Glas gelangt das Wasser über den Stängel in die Blütenblätter. Sehr kleine, feine Röhrchen im Stängel saugen das Wasser bis ganz nach oben.

Was braucht man:

hohes Glas,
Wasser,
Lebensmittelfarbe,
weiße Blume
(z. B. Nelke oder Tulpe)

Unsere Umwelt

Überall auf der Welt ist die Natur ernsthaft bedroht. Müll und Abgase verschmutzen die Umwelt. Der Mensch greift so sehr in die Natur ein, dass der Lebensraum für viele Tieren und Pflanzen zerstört wird. Wir müssen lernen behutsamer mit der Natur umzugehen. Die Pflanzen geben uns Sauerstoff zum Atmen, saubere Flüsse und Seen versorgen uns mit Wasser.

10 Dinge, die du für die Umwelt tun kannst!

Jeder von uns kann mithelfen, die Umwelt zu schützen, zum Beispiel indem man weniger Energie verbraucht und nicht so viel Müll produziert! Das hilft dem Klima und macht unsere Erde sauberer.

1. Überall das Licht ausmachen, wenn du dein Zimmer, die Wohnung oder das Haus verlässt.

2. Den Wasserhahn zudrehen, während du dir die Zähne putzt.

3. Den Müll immer in einen Mülleimer werfen, auch wenn du unterwegs bist.

4. Ein Blatt Papier beim Malen von beiden Seiten benutzen.

5. Alle Elektrogeräte im Haus immer ganz ausschalten. Besonders, wenn du für längere Zeit nicht zu Hause bist.

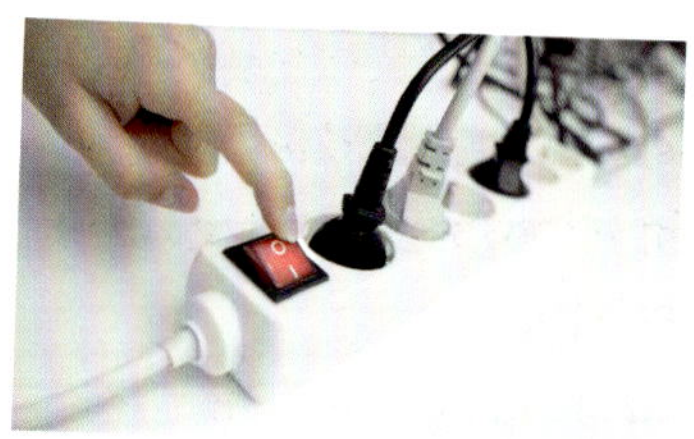

6. Spielzeug aus alten Schachteln und Kartons basteln.

7. Zu Fuß gehen oder mit dem Fahrrad in den Kindergarten fahren.

8. Zu Hause den Müll sauber trennen.

9. Eine Tasche oder einen Korb mitnehmen, wenn du zum Einkaufen gehst.

10. Obst und Gemüse im Bauernladen oder auf dem Markt einkaufen.

BASTEL-ECKE

Kleine Raupe

- Du benötigst nur die untere Seite des Eierkartons, daher schneide zuerst den Deckel ab. Dann kannst du die beiden Eierbecherreihen auseinanderschneiden. Du erhältst nun zwei Reihen mit drei oder mit fünf Eierbechern. Diese drehst du um, sodass die Höcker nach oben zeigen.
- Bohre als Nächstes mit der Schere in einen der äußeren Höcker zwei kleine Löcher hinein. Jetzt kannst du dort die Pfeifenputzer als Fühler befestigen. Das ist der Kopf der Raupe.
- Nun noch jeden Höcker in einer anderen Farbe anmalen und fertig ist die kleine Raupe!

Was braucht man:

Eierkarton,
Schere,
Wasserfarben,
Pfeifenputzer

Unterwegs in der Stadt

Ole nimmt immer Mamas Hand, wenn sie zum Kinderspielplatz gehen. Denn an der Straße kann es manchmal gefährlich werden. Schließlich ist man im Straßenverkehr nicht allein unterwegs. Es gibt noch Autos, Fahrradfahrer, Motorradfahrer, Lkws und weitere Fußgänger. Zudem muss man auf Ampeln, Zebrastreifen und Straßenschilder achten.

Im Straßenverkehr

Es gibt im Straßenverkehr ein paar Dinge zu beachten, damit man sicher unterwegs ist. Das ist gar nicht so schwer!

1. Auf dem Bürgersteig geht man am besten auf der sicheren Seite. Am sichersten ist es dort, wo man am weitesten von der befahrenen Straße entfernt ist.

2. Damit du immer, auch im Dunkeln, gut von den anderen Verkehrsteilnehmern gesehen wirst, ist es wichtig, richtig angezogen zu sein. Am besten trägst du helle Kleidung oder Kleidung mit Reflektoren. Auch an deinem Rucksack sollten Reflektoren angebracht sein.

3. Stopp! Bevor du eine Straße überqueren möchtest, solltest du erst mal auf dem Bordstein stehen bleiben und den Verkehr beobachten. Lass dich nicht von anderen Dingen oder Personen ablenken.

4. Nun geht es darum, die Straße sicher zu überqueren. Zuerst schaust du nach links, um zu prüfen, ob ein Auto oder ein anderes Fahrzeug kommt. Danach blickst du nach rechts. Um sicherzugehen, dass sich in der Zwischenzeit kein Auto genähert hat, blickst du nochmals nach links. Wenn kein Fahrzeug kommt, kannst du die Straße ruhig überqueren.

Geld

Marie und Zeki gehen für Zekis Mutter in den Supermarkt. In dem Geldbeutel haben sie genau so viel Geld, wie sie für vier Äpfel, ein Stück Butter und vier Eier benötigen. Zekis Mutter will nämlich einen Apfelkuchen backen. Zeki weiß schon, wie man an der Kasse bezahlt, aber Marie kann die Geldscheine und Münzen noch nicht alle auseinanderhalten.

Scheine

Fast überall in Europa kannst du mit dem Euro bezahlen. Es gibt sieben verschiedene Euroscheine, die unterschiedliche Farben und Größen haben. Der kleinste Euroschein ist 5 Euro wert, der größte Schein 200 Euro.

Münzen

Von den Euromünzen gibt es acht verschiedene. Sie unterschieden sich in Farbe, Größe, Gewicht und Form. Am Rand der Münzen kannst du fühlen, dass die Ränder unterschiedlich geprägt sind. Die kleinste Münze ist 1 Cent wert. 100 Cent sind so viel wert wie 1 Euro.

SPIEL-ECKE

Wir machen Geld

- Lege die verschiedenen Münzen unter das Papier.
- Fahre mit dem Stift so lange darüber, bis der Abdruck der Münzen darauf gut sichtbar ist.
- Schneide dann die durchgepausten Münzen aus.
  Nun hast du Spielgeld, mit dem du zu Hause Einkaufen spielen kannst.

Was braucht man:

Geldmünzen,
Papier,
weichen Bleistift
oder Buntstift,
Schere

Tag, Monat und Jahr

Wir sind viel zu spät! Marie und Zeki rennen los. Um sechs Uhr sollen sie wieder zu Hause sein, damit alle zusammen zu Abend essen können. Danach müssen sie noch Zähne putzen. Später liest Mama oder Papa noch eine Geschichte vor. Dann schlafen Marie und Zeki in ihren Betten ein. Schon wieder ist ein Tag vorbei.

Tageszeiten

Der Tag ist in Tageszeiten eingeteilt. Morgens gehst du in den Kindergarten, mittags gibt es Mittagessen und nachmittags hast du Zeit zum Spielen. Abends gehst du nach dem Zähneputzen ins Bett. Ein ganzer Tag ist in Tag und Nacht aufgeteilt. Tag und Nacht entstehen, weil die Erde sich dreht.
Für eine ganze Umdrehung benötigt die Erde 24 Stunden, also einen ganzen Tag. Durch die Drehung der Erde wird immer nur eine Seite von der Sonne angestrahlt. Auf dieser Seite ist es Tag. Auf der Seite der Erde, die im Schatten liegt, ist es Nacht. So wechseln sich Tag und Nacht immer ab.

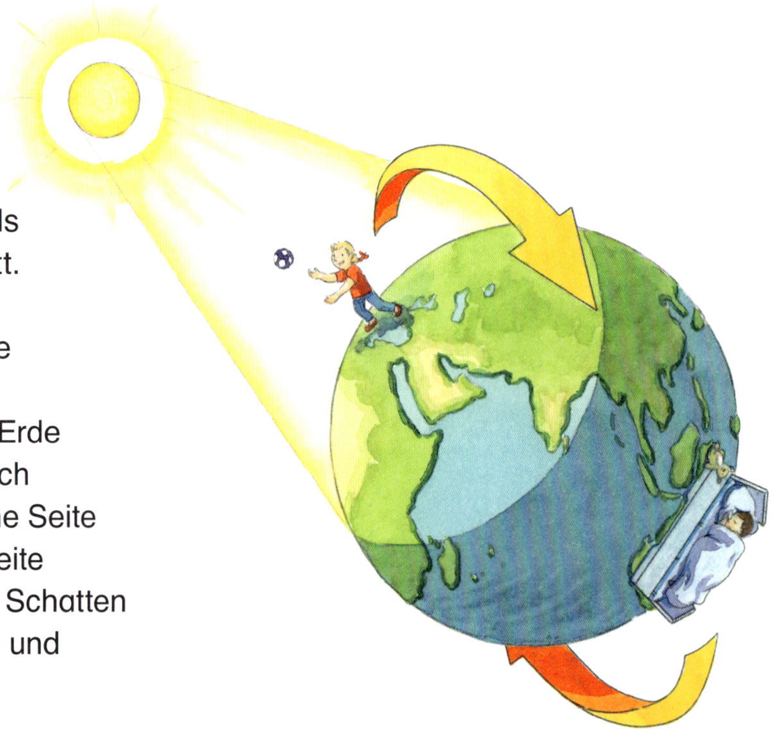

Kalender

Sieben Tage ergeben eine Woche. Die Wochentage sind Montag, Dienstag, Mittwoch, Donnerstag, Freitag, Samstag und Sonntag. Um eine Woche, einen Monat oder ein Jahr zu überblicken, braucht man einen Kalender. Oft hat jeder Monat ein Kalenderblatt. Es gibt 12 Monate: Januar, Februar, März, April, Mai, Juni, Juli, August, September, Oktober, November und Dezember.

Jahreszeiten

Marie hat im Januar Geburtstag. Das ist der erste Monat im Jahr. Draußen ist es dann sehr kalt, es ist ja Winter! Aber Marie mag den Winter: weil man Schlitten fahren kann, weil Mama mit ihr unter der warmen Decke kuschelt und natürlich, weil sie Geburtstag hat.

Der **Frühling** beginnt im März. Die Tage werden länger und es wird langsam wärmer, sodass an den Bäumen erste Knospen sprießen. Viele Tiere beenden ihren Winterschlaf und bekommen Nachwuchs.

Im **Sommer** geht die Sonne früher auf und abends ist es lange hell. Oft wird es sehr warm und manchmal gibt es dann starke Gewitter. Viele Beeren und das Getreide können geerntet werden.

Im **Herbst** wird es wieder früher dunkel und die Tage werden kühler. Die Blätter der Bäume färben sich gelb, rot und braun. Im Wald kann man Kastanien und Pilze sammeln.

Im **Winter** geht die Sonne früh unter und morgens wird es spät hell. Es ist so kalt, dass es manchmal friert und schneit. Die Bäume haben ihre Blätter abgeworfen und manche Tiere machen einen Winterschlaf.

BASTEL-ECKE

Herbstbaum

Was braucht man:

Herbstblätter,
Papier,
Stifte,
Klebstoff

- Sammle auf dem Gehweg, im Park oder im Wald verschiedene herabgefallene Blätter. Diese legst du zu Hause zwischen die Seiten eines dicken Buches. Es dauert nun ungefähr zwei Tage, bis die Blätter gepresst und getrocknet sind.
- Jetzt nimmst du ein großes Blatt Papier und malst darauf einen Baumstamm mit Ästen.
- Die gepressten Blätter klebst du nun an die Zweige. So entsteht ein schöner Laubbaum.

Register

Alle fett gedruckten Begriffe sind als Stichwort im Kindergarten-Lexikon zu finden oder sind das Unterthema eines Kapitels. Die übrigen Begriffe werden innerhalb eines Eintrags benannt.

A

B

S

T

Bildquellenverzeichnis

AGCO, Marktoberdorf 54, 95
Bibliographisches Institut, Berlin 40, 66, 68 f., 71 f., 84, 90, 120, 128, 131, 136
Bibliographisches Institut, Berlin/Alexander Burkatovski 40
© CORBIS/Royalty-Free 41, 62, 66, 86, 100, 102, 109, 132
DB AG: Annette Koch 54; Jürgen Hörstel 54
DB Archiv 58
Deutsche BP, Hamburg 112
Deutsche Burgenvereinigung e.V., Braubach am Rhein 134
Deutsche Lufthansa, Köln 56
Fotolia.com: © akiebler 10; © Aleksandr Ugorenkov 153; © Alix Marina 107; © Alx 153; © Anastasia Tsarskaya 10; © Andre 153; © andreas reimann 156; © Anna Kucherova 153; © Fabrice BEAUCHENE 81; © Child of nature 90; © Christoph Hähnel 13; © contrast-werkstatt 36; © Daniel Ernst 59; © darknightsky 29; © Detlef 131; © Nataliya Dvukhimenna 155; © Ewald Fröch 124; © eyewave 159; © Firma V 121; © flytime 52; © Fotofermer 155; © frankop-permann 17; © Volodymyr Goinyk 100; © Harald Biebel 155; © Randy Harris 80; © Igor Negovelov 19; © il-fede 49; © Eric Isselée 152; © Jacek Chabraszewski 28; © Jovan Nikolic 153; © kimberly kilborn 116; © kk-artworks 160; © Leonid Smirnov 87; © Light Impression 18; © mache 153; © Malena und Philipp K 118; © manu 158; © Marcin Osadzin 110; © Dave Massey 94; © Meggj 152; © Monkey Business 26, 31; © Jerome Moreaux 152; © norma holt 82; © ozgur 79; © Robert Pernell 14; © ProMotion 159; © Jan Rakic 19; © Tanguy de Saint Cyr 100; © Ljupco Smokovski 152; © Eline Spek 69; © Emilia Stasiak 152; © Sternstunden 97; © Sven Reinecke 61; © Fred Sweet 48; © Szombat 153; © tom 63; © Sander van de Wijngaert 38; © Vasina Nazarenko 153; © vbalabanov 60; © Veniamin Kraskov 153; © Viper 82; © VRD 152; © wetwater 156; © wiw 108; © Yuri Arcurs 20; © zakaz 153
GEOSPACE/NASA/NOAA, 2006 108
A. Gomille, Frankfurt am Main 74
F. Habe/Government of Slovenia, Public Relations and Media Office 111
Image Source, Köln 132
Löbbecke Museum-Aquazoo, Düsseldorf 79
MAN, Augsburg und München 46
Dr. T. Martens, Museum der Natur, Gotha 126
MEV Verlag, Augsburg 10, 22, 26, 51, 90, 92, 107, 115, 150, 152 f., 155, 157 f., 159
shutterstock.com: Artur Tomskiy 102; Bannafar-sai_Stock 53; Crystal Alba 85; Eric Isselée 155; Gorodenkoff 33; CAN BALCIOGLU 46; Jörg Hackemann 35; joshimerbin 100; I AM JIFFY 124; ImageBank4u 113; Lyashko_ph 124; Mikadun; Mongkolchon Akesin 43; 132; Monkey Business Images 21; Neil Lockhart 137; Nejron Photo 140; oliveromg 26; Oleg_Yakovlev 62; Ondrej Prosicky 86; petrov-k 35; pzAxe 153; Scorpp 152; Tischenko Irina 155; Sergei Bachlakov 39; Sergey Didenko 141; Sergey Uryadnikov 114; Soloviova Liudmyla 57; slowmotiongli 66; szefei 42; Wonderful Nature 109; 06photo 153
WestfaliaSurge, Oelde 55
Zeppelin Baumaschinen, Garching bei München 53